U0071187

朱德裳 原著　蔡登山 主編

從晚清到民初

三十年聞見錄

導讀　朱德裳和《三十年聞見錄》

蔡登山

朱德裳（一八七四－一九三六），原名還，字師晦，湖南湘潭縣北罐子窯人。幼聰穎好學。清光緒二十四年（一八九八），康有為、譚嗣同、唐才常等倡維新變法，他在長沙參加南學會，支持變法。光緒二十六年（一九〇〇）參加唐才常的自立軍，與易宗夔、曹典植等主張剪髮、易服、放腳，倡行新政、辦新學、男女讀書平等，遭王先謙、葉德輝等為首的舊勢力反對。朱、易、曹等撰印《湘潭縣人士驅逐葉德輝檄》，反對頑固派，因而時有「一（易）槽（曹）豬（朱）吃黃（王）菜（蔡）葉」之民謠。光緒二十九年（一九〇三）入縣學為生員，經省考選官費留日，與長沙楊昌濟、湘陰仇亮、邵陽石醉六、新化陳天華、同邑易宗夔、李儻、劉冕執、楊鈞、胡邁等三十四人（不含非官費同去的楊度）東渡日本。朱德裳習警政，在東京與黃興、宋教仁、蔡鍔、范濂源等友善，參加同盟會，著《中國魂》，揭露清朝政府賣國殃民的罪惡和帝國主義侵略行徑，主張推翻清朝統治，當時與陳天華的《猛回頭》、《警世鐘》及鄒容的《革命軍》

同屬宣傳民主革命思想的通俗讀物。

光緒三十二年（一九〇六）朱德裳回國，主辦湖南警政學堂，後調任京外城警所僉事，右分廳廳丞。宣統二年（一九一〇）升民政部郎中。民國元年任交通部僉事。袁世凱竊國後，仇亮辦《民主報》，朱任主筆，發表〈論社會主義〉一文，輿論大嘩，被目為「巨怪」。民國六年罷職居京，閉門學佛，不問世事。晚年回鄉著述，著《續湘軍志》、《三十年聞見錄》，均有較高史料價值。另著有《六書哲學》、《諸子統系論》、《管子注》、《陽曲學案》、《資治通鑒校勘記》等，及詩集、文集、日記各若干卷。朱德裳之孫女朱運女士所作〈先大父事略〉，介紹作者的生平行事頗詳，讀者可以參閱。

《三十年聞見錄》是朱德裳晚年的回憶錄，時間起迄是從二十世紀初到三〇年代，亦即是晚清末期到民初期間，作者所見所聞之事。因其為作者親見親聞，故可補正史之不足。本書涉及之人物眾多，如黃興、楊度、朱啟鈐、蔡鍔、康有為、梁士詒、文廷式、宋教仁、洪述祖、張之洞、李文田、譚嗣同、袁世凱、王湘綺、俞曲園、章宗祥、蔭昌、梁啟超、胡漢民、李鴻章、周馥、岑春煊、左宗棠、汪榮寶、劉坤一、章士釗、端方、徐琪、善耆等人。這些人都是政治界、學術界相當有名望之人，朱德裳記錄下他所聞見的有關事蹟，為近代史研究留下了寶貴的資料。又因作者秉性剛直，能發當時人事之諸多隱諱，而能使讀者由此察見近代諸多名人要事之不同版本，明瞭其中的不少曲折隱情。

又朱運撰寫的〈先大父事略〉，其中曰：「公官京師，同邑齊璜白石，善繪畫、金石、篆刻，顧士林未之重也。公與義寧陳師曾舊交，介璜與之友。師曾遂為之延譽，名乃大噪。璜為公治印，鐫邊款云：『余由師晦，得識師曾。師晦有命，無不從也。』」可知齊白石的成名是由陳師曾的推介，而兩位大師結誼的幕後推手是朱德裳。朱德裳與陳師曾皆為日本留學生，後又同在北京供職，意趣相投，成為莫逆之交。《三十年聞見錄》中談及陳師曾有多處。陳師曾病逝，朱氏作悼亡詩，前言云：「衡恪字師曾，義寧中丞之孫，散原先生之子也，日本師範生。……居槐堂，與人無町畦。余亦罷官，居城外爛熳胡同。相去十里，往返無虛日，不甚求其作畫。」（見附錄〈九君詠〉一文）。

又《三十年聞見錄》的附錄有作者所寫的〈大清肅忠親王墓志銘有序〉一文，是為肅親王善耆所寫的墓志銘，寫得非常詳細。其中也寫到清宣統二年（一九一〇）三月三十一日，汪兆銘（精衛）謀殺攝政王載灃，伏炸彈於載灃上朝的必經之橋，暗殺未果，汪兆銘被捕，肅親王善耆主審此案。而當時朱德裳為民政部郎中，朱德裳、顧鼇倡為弭亂之策，日奔走於公卿間，由此汪兆銘才得以脫身不死。

此案不是法部所審理，而是民政部所審理。與汪精衛一同被捕的革命黨人黃復生回憶說，被拘捕之初在區員警署，然後到內城警廳，廳丞是章宗祥，這是民政部的下屬機構。由於該案「若交刑部，必處大辟」，因此章宗祥的意思是不走司法程序，就在民政部善耆的權限內解決此案。當年偵破此案的清廷官員金祥瑞也說，汪精衛一案是民政部辦的，民政部尚書是肅王善耆，「頭腦比較清新」，不准用刑，不叫下跪，看了汪精衛寫的供狀，有愛才之意。由於善耆的說項，不主張用殺戮的方式激起民黨的仇恨，攝政王載灃最後同意，只判汪精衛終身監禁。

但據朱德裳的文章說後來送法部，「頃之派顧鼇送交法部。廷傑即命加桎梏，且欲置盜犯一室，賴許世英言乃免」。而許世英在他的《回憶錄》說他承審汪精衛的案子，是千真萬確的。但這事首先遭到許世英的親家凌鐵庵的質疑，雙目已失明的凌鐵庵聽家人讀到這一段時就表示異議，因為汪精衛刺攝政王是宣統二年（一九一〇）三月三十一日的事，那時許世英被派往歐洲考察司法，旋渡大西洋至美京出席第八屆世界監獄改良大會，他人不在國內，怎麼可能受命審問汪精衛。許世英在他的回憶錄也曾講到他於一九一〇年暮春出國之事。而許世英直到一九一一年春才回國。《許世英回憶錄》中說：「當案子分發給我時，與案俱來的一道命令，要我為汪精衛加上腳鐐手銬，但我拒絕了，我的理由是汪精衛是個文弱書生，他絕對逃不了，而況且那時的革命黨人，都顯示了不怕死的磊落精神，也決不願做逃犯。我甚至大膽地承當了『如果汪精衛逃了由我許世英負責』的責任，決定不給汪精衛上鐐銬。」

但據黃復生回憶，直到他們獲釋前一天，才將腳鐐去掉，兩足才獲自由，之前都是帶著腳鐐的，因為是無期，所以下的是「死鐐」。另據張江裁編《汪精衛先生庚戌蒙難實錄》引獄卒張德興回憶說：「先生在獄，暑夏仍桎梏。一夜蒸熱異常，余欲解去其刑具，暫行取涼。先生以為不可，謝余曰：『殊堪欽感，但此事不合於義，不可私行。假令長官查知，君必獲譴，余亦不光。請勿議此。』余聞言，愈欽佩君子人格見解高超，固不容稍有苟且也。」可見這和朱德裳、許世英的說法，中間有太多的落差。

學者冉雲飛在〈大清為什麼不殺汪精衛〉文中說：「易宗夔不僅是朱師晦（德裳）的同邑人且是理念十分相同的人，辛亥革命後，在清廷下罪己詔，民國肇建的過程中，時任資政院議員易宗夔等上書請赦汪精衛、黃復生二人，於是在押獄一年半後獲釋。這似乎又反過來證明，朱師晦及其朋友們一直在關注汪案，從旁佐證朱師晦或真有前說搭救汪案之事，亦未可知。但朱德裳救汪之源頭，係其為善耆所寫之墓志銘，多方旁證還太少，是否確係如此，或許還有待進一步查考。……對汪精衛未被大清所殺，我傾向於是多因素合力的結果，特別是能影響直接主政者做出判斷的人，其力最巨，這也是朱師晦救汪一說雖算不上是鐵證，或許還可聊備一說的因由。」

《三十年聞見錄》在朱德裳生前並未能出版，後來才由其孫女婿易祖洛（一九一五－二〇〇二）整理出版簡體版。易祖洛一九三九年畢業於湖南大學中文系，隨即出任九戰區司令長官薛岳的秘書，官拜上校。一九四八年從教，曾執教湘江中學。一九八一年入湘潭大學歷史系。而簡體版中有〈戊戌新黨王照〉及〈晉盤〉兩篇文章，並非作者的著作，其中〈戊戌新黨王照〉易祖洛有注：「此篇係移錄成作，未著撰人及書名」，但從文章中王照（小航）寫的信稱「一士年兄大人」，即可得知是寫給徐一士先生的，此文的作者是徐一士無疑。徐一士（一八九〇－一九七一），原名徐仁鈺，自號亦佳廬主人。其伯父徐致靖，光緒二年（一八六七）進士，禮部右侍郎、翰林侍讀學士，為戊戌變法重要人物。其兄徐凌霄也是著名的記者和掌故專家。他所撰掌故小品，保存了不少珍貴的歷史資料，曾譽為「晚近掌故史料之巨擘」。該文曾以〈談王小航〉刊於《國聞週報》第十卷二十四期，後收入《亦佳廬小品》一書中。而〈晉盤〉易祖洛有注：「此篇原稿不著撰人，亦未注明從何移錄」當知此篇亦非作者之文章。故今將此兩篇文章移除。余於中研院近史所圖書館讀及此書，深感其史料價值極高，乃重為整理校定。另原書偶有錯字亦予改正，而諸多長文未分段者，亦予以分段，俾使讀者易於閱讀。此為繁體字首次出版，並加上書名「從晚清到民初」，作《從晚清到民初：三十年聞見錄》，略加說明。

目次

附錄

先大父事略

朱運　謹撰

先大父，諱德裳，字師晦，自名其齋曰九還，以其原名還也。生於清同治十三年，卒於民國二十五年。吾家世居湘潭北鄉之罐子窯。太高祖諱銘鼎，字建中。由祖諱登瀛，字仙舫，以附貢生納資為衡州學訓導，有集曰《東濱錄》。曾祖樹芝，字印潭，縣學生員，早卒。曾祖妣徐，撫孤成立，教督有方。公年少峥嶸，文彩炳蔚。張燮鈞督學湖南，公與試，試卷已點定，次名二十，榜發竟屈落，莫知所由。公乃就親友貸金，市圖書數百卷歸，楗戶誦習，曾祖妣徐至破產償書價。吾鄉方言，輸、書音同，遂訛傳徐太夫人破產為兒償博負云，時光緒十六年也。二十九年癸卯，公以第一名中試湘潭縣學生，食廩餼。同年中選留學日本官費生，湘人同與斯選者，凡三十四人。其著者，長沙楊昌濟，善化陳家瓚，湘陰仇亮，寧鄉廖麓樵，湘鄉蕭中祁，邵陽石醉六，新化陳天華、曾繼梧，衡山劉揆一，同邑李儻、胡邁、楊鈞。

公既東渡，習警政，與黃興、蔡鍔、仇亮友善，入同盟會。學成歸國，主辦湖南警政學堂，長沙周介禱，即其著籍弟子。時戊戌維新既敗，孫、黃革命之說大張，而吾湘猶倡守舊，蓋長沙王先謙、湘潭葉德輝、蔡與循實主張之。公乃與同邑易味腴、曹冀亭倡新學相排詆，且撰湘潭縣人士驅逐葉德輝檄文，版印數千百本流布。新舊學之爭，壁壘森嚴，於是民間遂有「易、曹、朱、黃、葉、蔡」之謠，蓋湘潭方音，黃、王無別，他字亦取諧音，謂「一槽猪勢吞黃葉菜」耳。其慷慨激越之概，今猶彷彿見之。

瀏陽唐才常，謀復清社，組自立軍，公與焉。旋入都，官民政部警視廳右丞。公以才氣縱橫，擅長文章辭令，為張鶴齡、善耆所賞識，會汪精衛謀刺攝政王被逮繫獄，公與顧鰲遊說於公卿間為精衛也，精衛竟賴以不死，蓋公陰為革命黨人內應也。宣統二年，補民政部僉事，花翎三品銜，特旨加隨帶四級，兼北京官醫院監督。公在官時，屬僚某，屬稿不善，公塗改不少假借，某銜之，投鉓密告，指目公為革黨，公乃違難走天津租界，其忠於革命如此。

辛亥十月，清社終屋，政肇共和，公任交通部僉事。其在官醫院監耆任內，羨餘萬數千金，悉以移交，絲毫無所取，其廉又如此。袁世凱既以權謀竊取大總統，狼子野心將危害民國，同盟會人疾之。湘陰仇亮蘊存先生辦《民主報》於北京，宣揚民主，而以公任主筆，公撰〈論社會主義〉一文，公諸報端，一時輿論大譁，指目公為巨怪。公在東瀛時，曾撰《中國魂》一書，宣揚革命，公蓋民族主義、民權主義之忠實信徒，而又欲探求民生之新術者。公官京師，同邑齊璜

（白石），善繪畫、金石、篆刻，顧士林未之重也，公與義寧陳師曾（衡恪）舊交，介璜與之友，師曾遂為之延譽，名乃大噪，璜為公治印，鐫邊款云：「余由師晦，得識師曾，師晦有命，無不從也。」其宏獎風流又如此。袁世凱圖復辟，蔡鍔以計脫走，出都時，至余家易服，公以三十金贐之。與黃興交尤篤，先妣語余：「黃興返長沙，各界集會歡迎，我則彈風琴焉」。蓋當時以此為奏樂也。寧鄉周震鱗（道腴）先生，嘗語余外子湘陰易祖洛云：「汝婦祖朱師晦，與克強交最密，時稱為黃興之副官長云。」余憶公詩集中，有九君詠之什，九君者：張鶴齡、善耆、黃興、蔡鍔、仇亮、范靜生、陳師曾、葉德輝、梁辟垣也，其拳拳於友朋之誼又如此。

公年五十不仕，時先考供職山西運城鹽務局，迎養梓舍，日以臨池吟詠著述自娛。公與康、梁政見不同，而獨服膺南海之學，以所為〈並州雜詩〉為贄，南海詳為評改，稱其詩老蒼而秀發云。公博學多通，所著者有《六書哲學》、《管子注》、《三十年聞見錄》、《續湘軍志》、《詩集》、《文集》、《日記》各若干卷，遺稿盈笥，先考以畀余夫婦寶存。

歲丙午，「文化大革命」起，家藏殘書並公遺稿，悉被抄掠，唯《續湘軍志》清稿，以王先生季範借去，倖存於京師，近袁鶴皋先生從長沙市第三中學拾得《癸卯日記》一卷，劉焜子煌先生拾得文集一卷，皆燼餘也。

祖妣郭太夫人，生先考諱方字伯鈞，北京大學法學士，服鹺政三十餘年，勤廉如一日，庭訓然也。叔考諱章字季關，先姑母永剛適湖北楊氏，永柔適同邑張氏。孫男靜仁，孫女運、杰、泰、寧、和。

運生也晚，承歡日淺，於公行事鮮所知，幸文集殘卷中，有公所為先世家傳，遂網羅舊聞，以紀其略。昔陸機為詩，先陳祖德，蘭成哀賦，遠溯世家，竊附斯義，敢謝不文，雖存什一於千百，不猶愈於數典忘祖乎？

孫女　運敬撰

公元一九七九年十一月

四十萬兩

辛亥秋，武昌義起，清廷詔用袁世凱，世凱舊部如蟻赴膻，楊度自北京往。先是，慶親王奕劻私召度，與商弭亂之策。度曰：「革命黨奔走四方，未嘗享富貴，倘以重金餌之，蔑不諧矣。」奕劻聽焉。以五十萬兩予度往上海。時南京已反正，黃克強設臨時元帥府於上海白克路九十二號。度初至，浪人以〔其〕挾重貲，爭欲擊之。度乃入巡捕房，介唐紹儀與黃克強相見。於是黃、袁之意通；而清廷優待條件從此出矣。然度之五十萬用去者大約五分之一，其餘四十餘〔萬〕兩乃入度之囊中。翌年李穆官財政部，至滙豐銀行取款，曾親見度存數為四十萬兩云。

壬子，度居青島，陽為製帽公司，實欲辟奕劻焉。癸丑，返京師迎母與弟至，親謂其弟鈞曰：「吾兄弟只兩人耳，從前分家事，都付東流，弟有所需者，一二萬不難也。」時華昌公司正盛，度所應得約三十萬，鈞亦所入不少，未暇及此。又十年，華昌敗。度之財毀於博，毀於花雲仙[1]，毀於東三省木殖公司，將及半矣。乃復為求田問舍之計。買衡陽王家田已署契矣，其弟鈞以有前言，定其所有權為兄弟公共堂名，函告度。度大怒，罵其弟為詐欺取財。不受田，索原

[1] 見〈花雲仙〉。

值。居中者為梁和甫，用兄弟堂名轉售於梁，梁又售於度，事乃定。故楊氏契四重四稅焉。此事鈞親為余言之，必不肯誣其兄也。

黃克強督辦粵漢鐵路

粵漢鐵路督辦本為闊差。在前清時五路督辦均係奏派；民國以後亦以明令派員，非薦任也。壬子十月，黃克強自北京歸湖南，袁世凱所以慰藉之者良厚。特派員至長沙，以貂褂贈黃太夫人，並任克強為粵漢鐵路督辦。其密電致克強有「毋再高尚」之語。時克強從人甚多，非此不足以養之。於是祖庵、子靖均勸克強勿辭。克強意亦欣然。頃之明令至。令云：「交通總長朱啟鈐呈請任黃興為粵漢鐵路督辦，應照准。」克強閱之滋不悅；然猶能忍也。十一月至漢口視事，與交通部畫定權限，啟鈐固執必欲置督辦於本部路政司以下。函電交馳，終難合轍。於是克強派人賚卷赴京，乘兵艦去上海矣。此黃留守與中央政府交涉之最後一事。至今知之者鮮矣。此時啟鈐已受世凱意，多方以困辱克強。不三月宋案出，民黨與政府儼為敵國矣。

花雲仙

花雲仙，娼賊也。已嫁人矣，忽來天津。初為梁啟超所狎，月奉千金未厭也。（楊）度嘗至津，雲仙一見傾心焉。謂度曰：「中國人物，文章而不英雄者有矣；英雄而無文章者有矣。兩臻其極者，前有曹操；後則惟君。」度心醉其言，遂與定情，費萬金焉。於是啟超逡巡而退，不欲與度比富，雲仙為度獨有矣。此籌安會初起時事也。九月度挾雲仙至北京，賃東斜街屋以居，帷帳什物，無慮八千，猶未當雲仙意。度本有一妾，度初至京師時，其伯母以二千元娶之，後以贈周印昆，又私迎回娶焉。周印昆嘗登報與度絕交者以此。妾在京師生一女，不聞花雲仙事。雲仙不如意，忽欲往上海，度微露吝意，以為費至二萬金，此身尚他屬乎！雲仙覺其意，呼傅婢告之曰：「有三萬金銀行憑單，可持付楊大人乎！」度聞之，慍而出。未及午，雲仙已往天津矣。

雲仙至上海，即嫁一車站長。或問曰：「獨不念晳子乎？」雲仙曰：「此正所以愛晳子也。」後時往來津滬，而宣言與晳子絕。當度被通緝時，猶密往上海，不欲電約雲仙，獨雇車繞站長公館而行，冀或一遇之。然雲仙亦時顧惜度。某年度至上海，適除夕，囊乏；特從雲仙貸三千金度歲焉。

馮華甫為總統時，度遇赦歸京師，雲仙亦至，寓六國飯店，電約度來。度即持三千金銀行支票予雲仙。雲仙笑曰：「我知汝貧，何故為此寒傖之舉乎？」即扯碎，令傅婢火焉。

頃之，度母至天津，其妾哀告太夫人，求為援手。太夫人大怒，飭度勿與通。度告人曰：「我除不孝外無他法矣！」託其友梁辟垣婉勸太夫人勿干涉。辟垣曰：「何故搶此一綠頭巾乎！」度曰：「我自心甘也。」時京師有講氣象學者，言相人只望頭上氣便知其窮通貴賤。或薦之度。度笑曰：「我頭不必看，惟有綠氣耳。」

當光緒朝度初娶首妾，其友人陸鴻逵等干涉之；遂以贈人為名。譚祖庵聞之，大笑曰；「豈晳子之陰亦關係憲政耶？」然而花雲仙則儼然與帝制相首尾矣。湘人多滑稽才，或有贈郭人漳詩者云：「一生只為口忙。」亦雅謔也。吾於楊度亦云。

三萬金

帝制動搖時，〔楊〕度自知不容於時，密以三萬金寄美國轉贈黃克強。時克強居於美，窘甚。得此三萬金，乃得從容渡海以歸。歸後於帝制派多恕辭，此三萬金力也。若克強不死，度又憑藉拿金矣。此事知者最少，湘鄉胡少潛為余言之。少潛篤實人也。

漢口商場督辦

漢口商場督辦亦帝制機關也。袁世凱處心積慮於帝制。其獻納臣某獻漢口商場策，以為借款地。以楊度老實，委為督辦。文人無用，並借款無能為役焉。於是漢口商場督辦成虛設矣。

北京中日公司

北京中日公司，視之亦尋常商務也。同邑楊度之弟在公司司會計。後聞之鄂人范熙壬，此亦帝制機關也。袁世凱以三千萬為日人大隈〔競〕選總理，其機關在此。

宋育仁

宋育仁，尊經[2]大弟子也。癸丑來京，以國史館長王闓運薦，任為撰修。育仁上書總統，請復帝制。世凱令陸軍部遞解育仁回籍，月以三百元養之。

古納

古納，美人，居北京久，欲與總統府交通，不過一尋常外國人而已。當時，帝制無人敢發

[2] 尊經指王闓運。以王氏曾任四川尊經書院院長故也。宋育仁四川人。

起。於是以重金賄古納，屬作一文主張中國帝制。其文亦不痛不癢。《亞細亞報》報館乃大鼓吹之，以為共和國人亦不滿於中國之共和也。文不過三千字，譯者三人，閩人林步隨與焉。古納歸國，袁世凱以十萬金贈之，未一月而籌安會出。

國民會議

帝制起，本定以十月雙十日由張敬堯等於總統閱操時大聲一呼，擁為皇帝，無所謂國民會議也。時蔡松坡方在天津，電召其友至津門，謂之曰：「我於十一月可至雲南，義兵非易起，能於舊曆（年底）舉事，莫速於此矣。公曷設法延二月期乎？」其友曰：「試為之，必有以報命。」松坡握手謝焉。歸京遂為國民會議運動。初商之於胡瑛，瑛曰：「掩耳盜鈴，有何益處。」繼又以此意告孫毓筠，毓筠頷之曰：「能為兩周間之國民會議乎？」則應曰：「可矣。」於是發為文章，言總統由國民所選舉，此次之為皇帝亦必國民選舉，然後根本乃固。不然難乎免於篡矣。世凱閱此文，以為切中情事。於是授意於參政院，定臨時國民會議選舉法。先由各省舉行，十二月乃及京師。選舉日朱啟鈐為監督，溥倫為議長。袁世凱以一百三十票當選為中華帝國皇帝。各報館號外出，市民皆呼萬歲。未十日而雲南警至。楊度栩栩然告人曰：「可惜松坡受人利用。吾見其小雪沃沸湯也。」

大典籌備處

世凱改元，即通牒各使館。日本公使首先卻還，此時大限已下野矣。世凱氣稍弱。朱啟鈐倡為籌備大典之說，設處於大清門內，為各衙門員司兼職，分股辦事。朱啟鈐、楊度、袁思亮等各充其長。朱啟鈐常（嘗）開會於來今雨軒，言大皇帝即位，先有恩德及人：或免錢糧，或裁釐金，及其他種種曠典；非豫借外債，無以應付。

時世凱夫人已老，其為皇后，猶必經冊封典禮，並定於是日特賜楊太夫人（度母）壽，蓋度母生辰在正月八日，恰當其時也。

北京例於正月十五日食元宵，輒麥為粉丸之，味甜，無老幼皆食也。以其名不利於袁，於是有嫌名之諱。吳廷燮遍考類書，特改名為華湯。識者哂之。

大典初籌備，有一啟以朱啟鈐名義行於處中。文特贍雅，惜不記及矣。翌年項城死，大典籌備處額為美國公使買去，聞費多金云。

封爵

洪憲改元，於是各省將軍、巡按使均有封爵。許世英夙稱威伯，所得爵為一等伯，恰如夙號。一時爵使之稱，遍於海內。而武義親王龍王尤寵異焉。元洪受封時，世凱謂之曰：「親家生命、名譽，總要犧牲一點。」聞者為之寒心。又有所謂嵩山四友者：趙爾巽、徐世昌、張謇，岑春暄（煊）[3]特許不稱臣。而鄭沅舉謝康樂例，囑湖南曾、左子孫陳請延封。曾重伯為文上奏，

[3] 嵩山四友中無岑春煊，有李經義，此係作者誤記。

詞特偉麗；湘綺圖讖[4]之電，最為世凱所喜。鄂人劉道仁上〈龍瑞頌〉，且大受申飭，不許談祥瑞云。道仁時為宜昌關監督，關旁崩一山，有石如龍形，鱗甲首尾皆具，但無氣耳。天下傳以為異。然京師選舉皇帝日，天實大寒，滿城枯枝皆凌，五行家以為雨木冰也。

檢察廳

帝制初起時，檢察廳長某君，欲以擅議變更國體，提出訴訟。此公書生，以為籌安會出於孫毓筠、楊度等六人也。朱啟鈐宴客於來今雨軒，特請某君，告以故，其事遂寢。某君遂亦辭職歸矣。

[4] 湘綺圖讖之電，係指王壬秋電文中有云：「民間簿書，皆稱款項」之語。項指項城。此電乃楊度偽造。余聞之先師太湖趙先生壽人云。

憲法稿

洪憲尚未改元，楊度在籌安會邀集同人，為憲法草案，主稿者不知誰某，大約方表流也。條文不過百，大抵以日本憲法為藍本。特改議會只有協助權，並絕對採中央集權制。稿成，度呈袁皇帝，皇帝大喜，以為地球歷史上無此新紀元也。與於草案者皆予勳章焉。

宴教育會議代表

籌安會初起時，湯濟武長教育，有教育會議之舉。各省議員先後到京，議半月而閉會。湖南代表姜濟寰、朱劍凡也。閉會之翌日，世凱特宴於總統府，餉以最精最闊之西餐。酒行，世凱出致祝詞，與各代表握手為禮；各贈像片並路費五十金。翌年春，桂林獨立，反對之聲遍於海內，獨教育會少通電。論者以為此一餐之力也。

朱啟鈐臉

帝制初起，朱啟鈐為內務總長，某日到署稍遲，一切公事不省，獨與平日親近員司密議。時楊州殷錚為內務部秘書，啟鈐不與言，但見啟鈐面發青色，口含呂宋烟，繞總長室而行不輟。錚私告同人曰：「朱總長不有內憂，必有外患；何念之深也！」蓋啟鈐畏婦，其女公子朱三小姐尤名滿天下也。但聞啟鈐私語曰；「忘八蛋，獨非人乎！」俄而總統電話至，又聞啟鈐曰：「是，是，謹附驥尾。」遂出，翌日而啟鈐領銜電出矣。

各省代表

籌安會初起，人以為是京師慈善會也。及宣言書出，乃知其意。會中主持者楊度；為楊度處分事務者方表也。會設於西城某王府，而京師內外城各公寓、飯店，莫不有代表蹤跡焉。一時京師私娼大漲價，此輩為之也。往往在北京飯店開會。主席者非楊度則孫毓筠，劉師培亦時至也。獨無嚴又陵蹤跡，聞其並不在京云。代表約三百餘人，各省、各公法團仍有加無已。每至開會時，各代表不免有希恩望澤之言，主席者無以答之。或告楊度曰：「小有以賚之致謳歌乎！」度曰：「以獄訟代謳歌可矣。」至今人莫契其指也。或曰此言為通緝之兆。

比款

朱啟鈐長交通部時，財部庫只八萬兩銀耳。世凱囑啟鈐借款；於是有一千萬比款借約。以崇文門稅款為擔保品。將畫押矣，慮難通過於參議院。適黃克強到京，鈐託其友商之克強。克強特為召集本黨議員，言財庫如此，銀行五國團把持可惡，此次不能不幫助政府予以通過此案。翌晨啟鈐出席院中，臨時動議為省略三讀，會議通過此案。啟鈐大得意而返。聞所得手續〔費〕料數十萬之多。啟鈐登時富翁矣。後其友歸湖南，函致啟鈐索車票一紙，啟鈐覆信云：「未便飭司破例。」傳曰：「其次務施報。」用友買友，世凱生平如此，北洋派人風氣如此。

謔詞

袁世凱初為總統，已被選正式就職矣。京師復有人謔之以詞云：「頓足捶胸哭遁初，拿腔作勢罵施愚，可憐忙煞阮忠樞。包辦殺人洪述祖，閉門立憲李家駒，於今總統是區區。」

帝制案發，顧鰲、薛大可見令通緝。易石（實）甫曰：「顧鰲薛大可，可對潘驢鄧小閒。」一時傳為雋永。

殷鴻壽

民國開元，北京有女志士名沈佩珍，嘗自稱為天子門生，月必見總統數次。袁世凱厭之。一日，佩珍來，世凱蹙額曰：「那有工夫見他。」殷鴻壽進曰：「交給我，我有法處之。」未幾，鴻壽出，邀佩珍至客室，則有裸體者仰臥在焉。連至數室，皆如其初。鴻壽笑謝佩珍，佩珍亦悟其戲己也，慍而出。自是總統府中無佩珍蹤跡矣。世凱亟稱其能，任為京師警視總監。

袁寒雲詩

項城身後，楊度往漢口，道過彰德，拜項城墓。時正清明，袁寒雲贈以詩曰：「朱三不是縱橫才，死傍燕臺事可哀；獨有楊家老招討，清明猶為上墳來。」

順天時報

《順天時報》為北京最老報館，蓋庚子辛丑間已有之。清末北京報館時遭封禁，惟順天報館不也。袁世凱帝政時，《順天時報》獨登反對文章，並聲明由本館負責。時包辦輿論者為薛子奇之《亞細亞日報》也。世凱予子奇十萬金，子奇初亦躊躇，既而曰：「決矣！龍陽君獨非人乎。」人亦未嘗不稱其抗爽也。世凱每日必閱報，尤必閱《順天時報》；則一片贊成聲也。府中報務由梁士詒經手。士詒買一機器於家，必改此報中反對詞為贊成詞，然後進呈於袁皇帝。此語聞之於施鶴雛云。

黃克強歸故鄉逸事

十月克強返長沙，去逃難時十年矣。時譚祖庵都督湖南，以又一村為克強行館，同來時（者）十餘人，皆昔時袍澤也。市民改大西門為黃興門。抵岸之日，祖庵迎於江干，各司步行從，獨克強騎馬款款行。指克強示市民曰：「此黃先生也。」未數日，郭人漳開歡迎會於湘潭，克強乘小輪往焉。供張甚盛，親為克強執鞭扶蹬。又數日，余以克強約，從北京至長沙。是日克強恰自湘潭歸也。

時克強居六堆子賜閒湖，婁雲慶故宅也。宴客均用白瓷家具。壁上懸文衡山山水十六巨幅，留守時所得。日與政客軍人討論政治，自以為有過人之識，實則隔城（靴）搔癢，不切事情。華昌方興，深恐克強經營銻礦，辟垣獻江西萍鄉尚株嶺鐵礦於克強，與克強為移兵工廠之計。於是克強攜廣東礦師並日本礦學生余煥東先至安仁，順道至尚株塘戡礦。歸長沙與祖庵論移廠之法，其議遂定。

克強之往安仁也，沿途之人觀者如堵，有贊嘆為英雄者，有罵為草寇者；有向車頭鳴爆竹者。先一日至淥江，駐瓷業公司。劉承烈到廠招待，賓客數十人。看瓷窯並袖（釉）底花工廠。翌日午刻乘車往安仁，傍晚乃至。招待所設於公司樓上，晚餐用中國燒烤。翌晨看橫洞，未入洞，先換工人衣服。乘火車約行五里至挖煤處，道旁死屍狼藉，有長毛數寸者。出洞時汗流浹背矣。又有直洞。一人繫繩腰間，坐鐵床，縋而下，至數十百丈，尤陰森可畏矣。安仁開闢只三十年，昔時只有四戶，今則有四萬人。以每戶八口平均（計）之，亦當有五千戶也。西餐精美，電燈鮮明，長沙無此盛矣。

又明日，自安仁啟程尋舊路歸，至萍鄉午餐。下午至株洲，到歡迎會。有數女教習，頗似上海人，聞為醴陵產也。傍晚仍返長沙。時京湘電報絡繹，皆與克強商量京漢鐵路事。語在上卷。余亦以選舉事歸湘潭，從此與克強不復謀面矣。

陳鳳光

鳳光湘陰諸生，日本法政學生，曾與黃克強同學於兩湖書院，梁節庵劇賞之。元年，克強到北京，以四千元壽節庵。其啟為鳳光代作，纏綿婉轉，節庵亦欣然受之。南京臨時政府，克強為陸軍總長，任鳳光為軍法司司長。既而為留守，則任為秘書長。其不兌換券出於鳳光，海內嘩然，以為非是。蓋鳳光留學日本時於財政經濟研究不深也。壬子九月從克強至京師，克強組織政黨內閣，於是趙秉鈞、朱啟鈐紛紛入國民黨矣。范靜生脫共和黨而不入國民黨，克強頗尤之。靜生曰：「只能如此矣。」閣中秘書長一席，將以屬鳳光。鳳光曰：「趙智庵胡不謁我耶？」遂罷此議。余時以鳳光自待誠不薄也。頃之同返長沙。鳳光與余蹤跡益密，迄南京獨立，鳳光亦通緝者。遂漫遊日本、朝鮮，往來兩粵之間。有時亦歸湘陰。世凱死，鳳光乃出。此時聲望益隆。湖南有三鳳之目。三鳳者：湘陰陳鳳光，新化曾鳳岡，寶慶譚人鳳也。甲子乙丑間，鳳光入京充議員。時鳳光驟遭家變，喪其兩愛女。於是氣亦稍衰矣。然與余愛好如在克強幕中時也。胡子靜告余曰：「鳳光受段芝泉二萬元，遂為政府奔走。其後選曹琨（錕）為總統時，鳳光亦得款五千元。」然乎？余不知之矣。然故者無失其故也。

喊楊度

度性吝，周印昆能言之。自待頗豐，年必三萬金，猶以為苦也。民國乙丑丙寅間，先為姜超六秘書，月五百元耳。超六留學生，人猶亮之。超六斃，乃窮矣。於是用盡氣力，得為張宗昌秘書長，月乃千金矣。然宗昌起行（伍）中，並不識度何如人也。宗昌在濟南，每有大稿件，輒曰：「此必須楊度。」於是左右馬弁大聲傳呼曰：「喊楊度！」度無奈何，耐之而已。

二樹藤花館

二樹藤花館，顧鰲收藏印記章也。二樹藤花本二百年故物，在宣武門外達子營，並不弘敞，頗幽靜耳。鰲居京師賃此屋已十年矣。民國初元，鰲為總統府秘書長，兼約法會議秘書長，法制局長，時共和、國民兩黨並峙，世凱用金錢操縱，以百萬予鰲，為收買議員之用，亦費十餘萬，余悉供其收買書畫之用。故二樹藤花館在彼時一大收藏鑒賞家也。館中所藏多明清人手蹟，宋、元寡焉。鰲字巨六，總統府人輕之。李經羲之流常呼為顧巨八。性頗抗爽，不矜小節。梁啟超與為牌戲，巨六負四千，臨去，啟超索錢，巨六出一支票，係十萬。啟超無如何也。在總統府，身兼十餘差。相傳其履歷非三百字不足以敘明之，一趣聞也。館中藏物，鄒一桂牡丹冊三十二葉，價值七千。又一物為金瓶梅圖二百餘開，以五千金得之。識者知為郎坊頭條工人所為，當時傳為冤大頭。後此冊為張雨亭買去，值三萬金，市利六倍。誰為冤大頭乎！帝制案出，鰲亦通緝，則大喜，以為足以占史傳數行字也。被赦後仍歸北京，不居二樹藤花館矣。書畫興亦大減。所自負者，明清人手卷有三百卷，唐人寫經有三百卷，六朝人佛像有二十紙。雖真偽參半，實巨觀也。

不黨議會

顧鰲為立法院事務局局長時，延聘海內名士為其參佐，嘗謂人曰：「局長空名耳，徒供人利用，毋自大也。」當時傳為名言。鰲長事務局時，以評議某君言，欲構造一不黨議會，通電各省選舉監督及辦選舉人員，均不許有黨籍。政府公報中日日有脫黨通電。自巡按使至縣宰，無一有黨籍者。即共和黨各省及中央，政府月費亦漸吝而不予。共和黨人大懼，日嗾湯濟武等泣訴於世凱。世凱毅然不顧也。不黨議會雖政府主張，而見諸公文，登於公報，則肅政史（使）傅增湘屍其名也。共和黨人大罵傅增湘，薛大可造為政府為國民黨執讎之說，日喧騰於《亞細亞報》。究竟政府力大，一時輿論亦無有附和之者。及帝政出，世凱斃，議會恢復，黨人執政遂乃消滅矣。

蔡松坡出京

蔡松坡到京時，與楊度等遊，求所以固結於袁世凱者甚至。凡友朋中與國民黨關係稍深即不與其酒食之會，其用心可謂苦矣。嘗自總統府歸謂其密友曰：「袁世凱必為皇帝，我不許之。」籌安會出，世凱將以松坡為參謀總長，忽謂京師總監吳炳湘曰：「蔡松坡在京未？」炳湘歸署即囑秘書問之，秘書飭署長查明，署長即飭巡長往蔡宅探問。於是以訛傳訛，風聲鶴淚（唳），蔡松坡微行出京矣。聞此時袁世凱於松坡尚無惡意。其出京也，實炳湘促成之。

蔡松坡之日郵

松坡之往雲南也，由大連至日本，又由日本繞道至臺灣，從蒙自入。在日本時，託詞居日光養病，日有郵片至總統府，並時有函呈總統。故袁世凱初不虞其即至雲南也。聞松坡至日本未一日即改乘郵船南行，其所發郵信皆託友駐日為之。以世凱雄才大略，竟為松坡所騙，當時以為奇事焉。

松坡室中之盜案

袁世凱之狡猾，松坡實畏之。故其與雲南密電本，不敢藏之京師，在天津梁啟超宅也。籌安會起，世凱於松坡極為注意。啟超反對帝制文出，松坡陽詆之曰：「梁先生書生耳。」故籌安會宴軍官時，談及帝制，松坡首先署名贊成。然而世凱不信也。世凱部下必有時遷之流，故蔡宅盜案直入書室，搜其電文；獨不見雲南電本密碼，可知此盜志不在金錢也。盜案出日，松坡已去天津。吳炳湘故意鬧得滿城風雨，而松坡不敢歸京師矣。

雲南鈔票

雲南鈔票，由唐繼堯濫發之。乙卯秋，價大低，一元錢可值六角耳。自聞蔡都督到，滇人以為重見天日。三日之間票價大漲。此事惟梁啟超知其詳。

康南海大觀帖

復辟時，楊度、薛大可皆潛到京。度遣人覓二品頂戴，市中皆無。欲往宮門請安，以無衣冠而輟。大可一小京官耳，例不得遞職名請安；徒呼負負而已。度作書上張勳，上銜虎臣仁兄，勳擲之地，大罵反叛；且教吳炳湘拿人。炳湘密告度，囑其速去，遂狼狽出京。南海已明令通緝，逃於荷蘭公使館。適窘，以所攜大觀帖出售，中有南海手批萬餘字。琉璃廠賈人謂須將康批割去，乃可售人。南海大怒，急令收回，已為人鈎去一半矣。

一等公

洪憲封爵，惟張勳一等公，次則楊度亦擬封公爵，尚未見諭；故當時有楊周公之稱。所居西安門外，已車如流水馬如龍矣。廣西獨立，帝制取消，度尚未知也。一怒辭職，其文有兩語：「流言恐懼，竊自比於周公；歸志浩然，頗同情於孟子」。云云。最為當時傳誦。

袁之秘書王書衡，因事見世凱，口稱陛下，自稱臣，談一時之久，稱臣至一百餘處。世凱亦自稱朕，絕不客氣。薛大可之《亞細亞日報》亦自署臣記者，此則地球各帝國所無之事也。

跪奏

洪憲改元，楊度首先上奏，其文亦自典贍。銜署楊度、孫毓筠跪奏。於政府公報中數見不鮮。各省將軍、巡按使新受封爵謝恩之摺，俱係典雅駢文。即被解散之議員亦多有賀表。易宗夔賀表有「向宮賜見，曾蒙特達之知」之語。及世凱斃，議員復職，皆自命為反對帝制者。郭人漳鬧得更凶。其實皆當時贊成最力之人也。

李力閣

北京自大借款成立後，一時政府最富，社會亦豐亨豫大，俱樂部遍京城內外焉。易宗夔設俱樂部於兵馬司前街，日入以數百計。議員下場頭如此。

閩人李力閣最善麻雀牌。從友人貸二百元。十場猛贏，居然萬金；遂與京師闊人日為此戲。

一年以後，竟至三十萬，李力閣公然富翁矣。於是買中國銀行股票，例充總文書焉。

又陳敬民者，浙江議員也。在天津時與吳光新之流日為此戲。光新之流日輸萬計，豪邁之氣不為少殺。敬民以謹慎勝之，故亦有贏無輸。半年之後，竟得六十萬。與梁啟超夥商於吉林，大買俄帖；在京亦收買字畫書籍，至今有小玄海樓印記者，皆曾被收藏者也。敬民本一流氓，無所知曉，特延姚重光為其顧問，一時重光之門亦麇集焉。黃小松漢碑四種，以萬金得之，亦不以為侈也。未數年吉林商業敗，俄帖大落，敬民遂窘。頃之死。

湖南薛大可，生平大膽妄為，無所不至。帝制案出，大可逃天津。手中實十萬，罄於茶矣。某年正月攜妾至天津，與張弧等博，勝二十八萬，攜十萬歸京師，存匯豐銀行。告人曰：「今小康矣。」未一年，仍罄於博。蓋兩得十萬而兩散之。大可本一雲南典史，在日本時於講堂或作或輟，同學皆呼為自由神云。

梁財神

財神之號，不知何自始，凡以稱多金者耳。民國初年廣東梁士詒以外債起家，坐擁三四百萬，而總統府會計出納皆士詒主管。熊希齡為總理時，歲竟須三百萬。希齡無如何，而士詒咄嗟力（立）辦。於是有梁財神之目。

湖南梁辟垣，以華昌公司起家。當其盛時，一公司稅入過湖南省款稅額三分之一。例應得動三位，辟垣不屑屑也。然碧湘街上，甲第連雲；一夕樗蒲，盈千累萬。梁氏賓客，幾如山陰道上，應接不暇。於是華昌公司資本千萬，而辟垣亦有財神之目。故南北有兩財神焉。

士詒老於交通部，為舊交通系領袖。一系之人都倚士貽為生命，不敢畔也。辟垣中年盲於目，不談政治，而天下事如指諸掌。能為詩。起別墅於五里牌，有花木園林之勝。今所稱青郊詩集，即此地也。癸卯特科士貽第一，楊度次之，辟垣亦列乙等，由孝廉以知縣用。分發江蘇胥次，未二年即歸湘經營華昌公司，以楊度之力，遂善賈至此，亦有過人才力焉。

兩大公司

戊戌變政，設農工商礦局。八月政變，百務廢止。迄辛丑回鑾，乃有工農商部之設。其在草野者：張季直經營南通，儼然瑞士。而收效最速者莫如天津之久大公司，湖南之華昌公司。久大以鹽，華昌以銻。此外無聞焉。久大公司之主幹范旭東，范靜生之弟也。初學製鹽於澳大利亞，學成歸國，在天津塘沽設廠煉鹽，遂令污穢之物潔白如雪。初銷行於通商口岸，而支店則無處不有。精鹽銷售，隨文化為進退，大抵學堂愈多之地則銷售愈多。至今蒸蒸未已也。乙丑五月天津當局勒索公司五十萬，於公司無傷也。

華昌得楊度之力，以張文襄十五萬為其基金，初營益陽本溪銻礦。本溪銻礦者梁辟垣、黃修園、楊叔純三人夥開之公司也。光緒三十二年冬，黃、楊析股，礦遂為梁氏獨有。翌年遂大發展。先是時，修園既歿，叔純能文章，規欲為州縣吏，以為作州縣一年而不能建生祠數百者，非丈夫也。在本溪坐辦者為梁煥口，辟垣之仲弟也。其三弟煥彝已在美國學礦，獨研究純銻製造法，本溪之質甲地球，其出砂之盛，亦復不可思議。於是漸推漸廣。初僅設分廠於漢口、上海，繼乃設廠於檀香山、紐約、華盛頓。梁氏五兄弟獨辟垣主持於長沙，以次坐辦於漢口、上海及於紐約太平洋中，無處無華昌商旗；亦無處無梁氏兄弟蹤跡焉。歐戰興，銻砂用途廣，歐美缺，而華昌公司之純銻遂為中國第一國際商業。甲寅乙卯間，公司分股利遂至二十七倍。然餘利饒，而謠諑亦起。股東以梁氏兄弟壟斷華昌，滋不悅。辟垣以本溪鐵路之策為股東所不許，遂將公司公開，以其資經營江西烏金礦，由煥彝主之。鎢礦失利，銻價落，華昌遂不可支。而其第五弟碩甫猶以百餘萬居上海，亦時往來廬山、漢、湘間。頃之，碩甫以金商敗，梁氏獨煥均尚有數十萬。辟垣一敗塗地。故曰財不足發。

梁青郊

青郊之名，由青郊別墅始矣。梁辟垣詩集即以青郊名，故青郊為梁辟垣所獨有，學者稱青郊先生云。青郊天姿高深，於詩能以柔為世法。詩學於鄧白香，雖無卓然獨立之姿，要之溫文爾雅，通才也。平生無疾言遽色，與人無町畦。楊度如襲人，方其事袁世凱也，心中目中只有一袁世凱，最不肯為人所利用。獨於青郊則甘心為所用之。度亦不諱言，青郊頗以此自詡焉。青郊之為詩也，由三百篇以通漢魏六朝，至唐韓退之南山詩止。故其五古博奧有法，過於其師。近體則無專工，大約以三山為矩矱。三山者李義山、黃山谷、陳後山也。後山為其法，山谷為其韻，義山為其詞。於是以通於杜陵，此亦孔道也。惜青郊能行之而不能至其極耳。華昌公司敗，青郊乃專於佛，十年《金剛經》，將棄天下而從之。適農工專政，而走漢口、走上海、走江西，以己巳十一月歿於廬山。庚午三月歸〔葬〕湖南。

其友人朱德裳、曾斷（繼）梧、齊琳、陶思曾為文弔之。其詞曰：「維君躬白璧之姿，精黃石之記，柔嘉維則，周旋中規。少舉孝廉，壯膺特科，中作礦人，老皈法（佛）法。蓋下學而上達；復出有以入無。加以廣學甄微，陶新熔舊。當晦蒙鄙塞之日，求窮變通久之方。斯固有識所嘆，允稱吾黨之導師矣。而德裳等所不能忘者，歲在癸卯，正月春王，湖南增遣學生，裳等謬膺其選。君為之搜遺才，為之典考試，為之定膏火，為之理征裝。初發軔於長沙，繼息踵於蓬島。凡所繆謀，甚有恩紀。楊枝初長，舉酒少保之祠；櫻花欲闌，送別精養之館。迄今回首，如在目前。裳等或習法政，或業陸軍，為巨室而斫困輪，向扶桑而睬日色。志事未就，負公期望之殷；歲月已遷，均有蹉跎之感。獨念君廿年轉徙，一去不還。凡湘之人，無論知與不知，莫不同聲悼灼；矧況裳等之曾親炙謦咳其側者哉。嗟乎！死者已矣，來日大難；四海紛紜，九原寂寞。曾吟黃葉，成一千首之詩；誰為青淵，修六十年之史。丹旐懸兮十丈，白衣送者千人。既望古以遙集，復感舊以興悲。謹奉生芻，聊陳薄奠。嗚乎！華子魚之姓字，足厭山川；曹吉利之文章，滕以雞酒。」云云。以青郊論交海內，客祭只此一文，人情之偷薄耶？抑米珠薪桂，為之未易耶？

奉命請客

中日之廿一條交涉，亦帝制條件之一也。事初起時，世凱嚴令北京報館不許登載。外交總長擁空名，事皆由世凱專之。總統府奉世凱為神聖。世凱亦自矜為外交老手，視日本蔑如也。自廿一條牒文到政府，世凱命外交部查案通駁。國人大嘩，若不可以終日。各師旅長均有枕戈待命之電，學生有示武裝運動之威。湘人斷指為書，誓復國恥。世凱不動聲色，用璽畫諾。日本大使得意而去。方事急時，黃克強從美國電京，謂且停止革命運動，助政府為外交後盾。世凱太息，以為克強誠篤君子。於是面囑陸建章開一面之網，但能悔過，且饒其生命焉。畫諾之日，總統電楊度到府，囑在外城請客晏會，故示鎮靜。度出府即出知單，約友人數十人於北京飯店開筵大飲。識者笑為奉命請客云。

法源寺唐畫

京師法源寺住持道階和尚，精會計。自為法源寺方丈，整理房屋賃人居住，月租至千金。道階日計有餘，尚未已也。寺藏一關壯繆像，黼黻冕旒，云是唐畫。袁寒雲欲之。日至寺中拜方丈，為言總統有命，欲得一古畫贈德國公使。道階唯唯。已又言：「寺中關像，當是其選，曷讓諸？」道階乃言：「寺中一草一木皆為冊籍，方丈無處分之權。」寒雲怒而出，乃囑內務總長必有以懲道階。朱啟鈐曰：「禿驢可惡。」適法源寺開期，陳請內務部批示。啟鈐准其事，而以道階招搖，交地方官嚴加管束，道階大悶，以語鄭叔進。叔進曰：「君如厭此紅塵，何不出家乎？」道階大笑而退。翌年世凱斃，朱啟鈐遭通緝。道階曰：「阿彌陀佛！幸有以對法源寺矣。」

交通系

交通系權輿清末郵傳部。梁士詒長鐵路局，為黃河橋計畫，竟得屈比工程師。一時傳為神聖。廣東人去京師遠，官京朝者，從學話始矣。彼此稱舉，團體遂固。士詒又從而提挈之。凡粵籍之官郵部者，必先入燕老之門。得其許諾，炙手而熱。當時本有交通系之目，至民國又擴張之。大抵以借款餘利養之也。士詒既以此致富，而袁世凱組織內閣，財、交兩部，必用私人。士詒自為財部次長時，一手握官府財權，凡為其總長者，先須請教燕老，故為天下所指目也。熊希齡組織內閣時，約楊度為教育總長。度志在交通，故有幫忙不幫閒之語，一時傳其雋永。士詒之交通系，由部而及銀行，當其盛時，凡交通銀行行長，皆交通系人也。

自曹汝霖長交通，於是有新交通系之目。新交通系以曹汝霖為之魁，葉玉虎亦錚錚佼佼者也。玉虎短小精悍，記憶力之強為等輩所不及。朱啟鈐初長交通，畏梁燕生之勢力，逡巡不欲視事。趙秉鈞謂之曰：「子毋然，得一葉玉虎可矣。」於是啟鈐以玉虎為次長。部務一聽於玉虎。及中山到京，大鼓吹其百萬里之鐵道政策。朱啟鈐與為交歡，凡所以逢迎中山者，無所不用其極。未幾克強到京，比款因以成立，是則孫、黃大有造於啟鈐也。是時新交通系尚屬雛形時代，拳（蜷）伏於汝霖肘腋之下，不能多所發展。迨汝霖長外交，與交通部息息相通。大借款、小借款，於是新交通系躍躍欲試於國中矣。汝霖為留學生老輩，其入京師，輿論亦大嘩。然能與汪榮寶、陸宗輿、章宗祥比，所謂三江派也。榮寶為京中名家子，亦善著書。宗輿齷齪小才，心尤卑鄙，至宗祥更無所謂，尚不知顧亭林為何人焉。然皆為袁世凱寵用，迭長外交、司法，出為日本公使，各致富二三百萬。宗輿尤大富，與汝霖埒。宗祥次之，榮寶又次之。

繆筱山諧談

宣統元年冬，監國攝政王詔京外樞疆保舉人才。時曹汝霖已為外務部丞參，尚書那桐保其才可大用。汪榮寶、章宗祥均為民政部尚書肅邸所保。榮寶已補四品京堂，獨宗祥以郎官超升京堂，頗為異數。時葉煥彬得繆小山書云：「有一館後輩疑蘇玉局是婦人名字，今聞內外保舉人才，已入京謀保案去矣。」煥彬覆書曰：「必林次煌也。」繆又與書曰：「果然，果然。」聞者稱為雅謔。

凡保舉人，例須召見。汝霖召見日，一及國政，便放聲大哭。監國愕然。退朝猶沾巾鼻涕不止。此賈生所謂可為痛哭流涕者耶？何其悲也。

巡撫崽

林次煌首妻，張文襄姪女也；其繼妻則廣西龍翰臣孫女。次煌未第時已捐道員分省補用。甲午科中進士。次煌嗜利，欲呈請歸本班。文襄不許，特為注銷。過殿試幸得庶常，不勝其得意。刻一印致龍。其文曰：「狀元孫女翰林妻」。印由黎薇生大令轉。數月，次煌歸，未脫衣冠，遽謂龍曰：「有印致君，達未？」龍曰：「雙石甚佳，對文尤工；亦見君不忘前妻也。」次煌訝曰：「烏有所謂雙石耶？」趣視之，則又一石恰成一對；視其文則「總督侄郎巡撫崽」也。次煌大怒，知薇生所為，無如之何。蓋次煌之父曾為貴州巡撫，總督指張文襄也。湘中方言謂兄女之夫為侄郎，子謂之崽。

袁海

袁樹勳，天姿刻薄人。由小吏起家至總督，大氐以金錢行。聞由上海縣宰升天津知府，賂小李三十萬，因為上海道，六年致資六百萬。當時湖南富家舉無與比。巡撫山東時尤刻薄，去之日，魯人贈以聯曰：「二分村氣二分喜；半為功名半為財。」黃克強聞之笑曰：「此必傳之作。」其長子思亮，文章爾雅。聞其舉於鄉費金錢三萬，由沈樹鏞經手。南京人皆知其事。然文固清通，得之不辱。及在京師補農工商部郎中，丞參上行走。嘗謂人曰：「此時欲得便得，不如作秀才時有味也。」知此人名心冷矣。

跑街名士

江西陳右銘中丞及其公子散原，父子名士。當其居長沙時，座上客常滿，樽中酒不空。於是散原有開名士行之謠。行中有會計，有廚役；有張羅周致入其行中者，謂之跑街名士。時羅順循教其孫師曾，時亦為之拿扯，或遂指目為跑街名士。此光緒甲午前事也。其後中丞來撫湖南，順循亦得名保以知縣，候補直隸。中丞故與湘人習，其撫湖南，略師劉晏之法，參用士人。任黃篤恭為礦務提調。篤恭才尤高，頗能籠罩湘人士而各得其用；故揚度稱為天下才也。

丁酉冬，開時務學堂於長沙，聘梁啟超為總教習。啟超大倡其師說。一時人才輻湊，蔡松坡、范靜生皆其中學生也。戊戌政變，中丞革職。吾友賀萶生嘗作書上中丞致慰藉之詞，中丞覆書云：「此而可慍，孰不可慍。」時人服其量。中丞前口（在）湖與張文襄同官，文襄不修邊幅，小處多訾（疵），中丞大不然之，至於避不相見。及後撫湖南，文襄特薦也。戊戌殺六人，楊叔翹者，文襄門生也。主持新政，惟文襄巋然獨存。翌年梁啟超從日本致書文襄，稱其持祿保位。文襄一笑置之。民國成功，論者遂謂文襄門生多革命黨。

又順循自保定知府署山東提學司，未三年請開缺歸湘，又一年而革命，袁世凱為總統，以羅順循為經界局副督辦，蔡松坡電促之，順循不應。

方厚卿

方厚卿者，浙江名孝廉也。與羅正鈞同年。光緒丙午，正鈞簡放天津知府，厚卿自浙貽書云：「本初、公路，非有梟傑之材，徒以四世三公，遭遇際會，遂以希冀非望。明者見危於未形，君其速走東南，無為豐授。」正鈞得書悚然，而頗詫其言之過甚。不數年而言乃大驗。正鈞先已乞病歸里，自幸無負良友焉。正鈞又言：「袁世凱初督北洋，聲名甚籍。陳散原頗重之。微行至天津，密覘其人。既而告人曰：『非英雄也。』」

包攬把持

曾文正總督兩江之命下，胡文忠喜其漸得大用，致書文正曰：「兵事當布遠勢，忌近謀。公言南岸分兵，一由池州取蕪湖；一由祁門出徽寧；一專守廣信防江西。此皆內軍也。取餉江西而惟議厘捐，以錢糧歸巡撫。愚又以為隘矣。以湖南北為兵之本，以江西為籌餉之本，待三省協防而後謀吳，非一年不能。夫吳越人之誹譽怨望雖不必問，而吾等悲憫之懷與吳越人仰望之苦，最難為情也。吳督之任，以包攬把持，恢廓宏遠為用。鹽漕得人，何事不濟。不患貧也。蘇常失守以後，督撫監司或死或未死，或已補或未補。進賢退不肖，此其時矣。……霞仙、季高當各募六千人為皖南、揚州之用。或為江西之用，為隨征之用。少泉可治淮上之師，合水陸萬五六千人，而以多、都將馬隊。幼丹宜奏為西藩，二李或寧藩蘇藩，則兵餉一家矣。大局安危，視公放膽否耳！……急脈緩受，大題小作，則恐或不濟。」

文正得書壯之。雖未能盡用，然其後超薦沈文肅為贛撫，李文忠撫蘇，左文襄撫浙，各帶湘淮軍，竟因以專滅洪之功，亦略如此書所言之包攬把持者。其後文襄西征，兵、餉專於一手。袁保恒以朝命相壓，文襄獨崇其位置，而不予實權。是則能得包攬把持之妙用者。至胡文忠治鄂，則以旗人制旗人，又以旗人之妾制旗人。是能以包攬神其把持之術者。推而論之，大彼得之強俄，畢士麻克之治德，伊藤博文之興日，東鄉平八郎之為〔日〕海軍元帥，安往而非包攬把持者耶？梁煥奎創辦華昌公司至以不能包攬把持而致大敗，又近事之彰明大著者也。

黃克強二次獨立

黃克強以宋案故，甘與同敗，不可不謂篤於友朋。與其二次南京獨立，則亦明知其不敵也。時四川程雪樓為南京都督，克強忽自上海至，徒黨約數十人。至以夜，即豎獨立旗，明晨，克強至都督府見程雪樓。雪樓曰：「少緩十日可得中央一百萬，今手無一文，而妄言獨立，何事能辦乎！」克強俯首無辭，率其徒黨跪於雪樓前哀求主持。雪樓曰：「此席可以讓君。」克強遂自稱南京大元帥。未一月即赴日本去矣。時羅品山為其警察廳長，其去也並未以告。品山晨赴府尋元帥，則渺不知所之矣。其後會於申江，品山有慍色，克強亦無慰藉之詞。克強歿後，品山至京，以語其友，共為太息焉。

楊皙子哀輓之詞

湘人工為哀輓之詞，晳子向不以此著。然其輓王湘綺、輓袁世凱獨能沈鬱頓挫，俯視一切，殆曾文正之所不及。且袁詞尚有歷史關係，讀者得其弦外之音可也。韓非囚秦，乃有孤憤；子長蠶室，發為雄文。詩三百篇大抵忠臣孝子不得意所為作也。輓湘綺聯云：「曠代聖人才，能以逍遙通世法；平生帝王學，祇今顛沛愧師承。」廿四字，能將湘綺學問文章寫盡。真所謂一字千金也。輓袁世〔凱〕聯云：「共和誤國，國亦誤共和，百世以後，再定此讞；君憲負公，公實負君憲，九原之下，三復斯言。」自表面觀之，世凱之於晳子，魚水交歡，儼然劉、葛。實則帷幕之中，必有深謀大計，言不用計不行者。所謂公實負君憲者，千古才人鬱結牢騷一齊寫出，所得不過國家一毛，而為人受過至於如此。悠悠百世，沈冤何自洩乎！即如魚水君臣，入蜀以後，待遇尚不及簡憲和，猇亭之敗，猶思法正。則當時亦必有所謂公實負君憲者。余有詩云：「君聽柏上黃鸝語，似訴艱難丞相心。」即為此也。光宣間京朝官某人有詩云：「千古君臣皆是假。」吾友譚祖庵有言：「聖眷是沒有這們一回事的。」君主國家，宜其為歐美學者所打破矣。

傅彩雲末路

傅彩雲，洪文卿妾。文卿死，彩雲逃走江蘇，覓阿福不得，故又入平康里。未幾仍來北京，居石頭胡同，以洪妾故，往來無白丁焉。蓄馬四十匹，其圈在梁家園，今北京官醫院其故址也。其後以斃婢交刑部起地解回籍，則嫁一站長曹姓，未幾仍離婚，年五十乃嫁魏斯炅。魏斯炅者江西富人也，曾充安福系議員。攜彩雲來都，余數數見之，頗問《孽海花》事，或認，或不認。時望雲亭在北京，亦曾與彩雲有嚙臂盟。頗言其淫浪不堪。嫁魏斯炅時，年雖五十，而妖艷如二十許人。斯炅之死以微疾，江西人尚有疑義焉。老無歸，依余三以終。

南京克復

辛亥秋張人駿為兩江總督，李梅庵署藩司，張勳為提督。安慶既獨立，人駿與提督籌所以戰守。頃之，明陵陷，人駿移居北極閣。家有西賓，何靖臣流也，日與人駿居。十月某日西賓偶歸視家人，再至北極閣，則不見人駿。急探之，已與張提督出下關去矣。城空已三日而革命軍乃至。獨李梅庵謹守管鑰，俟軍長至，從容交卸，乃去上海。去上海日，身無一錢，不得備晨炊也。友朋聞之，共為嘆服。於是乞書者倍豐其值以與之。梅庵頗以鬻書差似買身，非士大夫所宜。境窘，不得已乃出此耳。未一年書名滿中外，居然書家，年入不貲也。程戟傳至上海，曾語梅庵，何必為此三折書。梅庵曰：「非此不能買錢，奈何！奈何！」後人論梅庵書者，當有以諒之。

徐夫人

辛亥冬十月，孫中山自法國歸，至上海被選為臨時大總統。議設總理，以克強應選，中山大不謂然，以去就爭；遂罷此議。黃克強被選為陸軍總長，設行館於鐵湯溪。於時豪俊雲集。總統府庶務吞餉胥萬金，中山處〔以〕死刑。一時傳為清明。克強居鐵湯溪，與徐女士偕。每歸，徐進桂元，以匙承而獻之；儼然妾媵也。其首妻亦自長沙至，與徐同居；不相容，怒而去。徐名宗漢，有兩弟隨克強為侍從。家頗饒，人比之清河寡婦。為革命費財至一百餘萬。有華屋在中江白克路九十二號。余曾至其家，大廈也。平生最傾倒克強，廣東燒總督衙門，克強傷其指，賴徐夫人力得保生命。克強為京漢鐵路督辦，與交通部齟齬。徐夫人聞之，大不謂然；遂駕兵輪至漢口迓克強歸滬。袁世凱斃，克強歸。頃之卒於滬，徐夫人泣涕盡禮，儼然未亡人焉。生兩子，則未知其姓黃歟？姓徐歟？

文廷式筆記

民國元年黃克強至長沙，有持文廷式筆記求售者，二小冊，蠅頭小書，道希親筆也。約二百葉，僅易銀二百兩，可哀矣。其中京朝事甚多。詆慈禧為淫狐再世，殊傷新學家身分。李炁伯在京師時罵趙撝叔為庸妄小人，王湘綺肆無忌憚，皆筆記中語也。又有《純常子枝語》數十本，皆道希未成之作，湘鄉彭次瑛買之。道希詩文皆入北宋之室，欲著書甚多，皆不能成。然則著書亦不可博歟。蓋學問有成，雖一卷之書亦在必傳之列，故學不可不約也。

菜廠胡同一月之逸事

菜廠胡同在王府井大街，居外內城適中地。黃克強到京，袁世凱為黃設行館於此。當克強至天津時，余偕仇蘊存、胡子靖迓焉。翌晨與克強深談。余問：「此行頗有計畫未？」克強曰：「未也。」余曰：「若論機械變詐，雖十克強不能敵一袁世凱。公到京時，如以開誠布公應付之，則詐力立窮矣。」克強曰：「請盡言之。」余又曰：「公此行須表明態度：一不為總理，一不為總統。乾乾淨淨在野，為國家盡力，與總統分勞。則一片歡迎，欣然無間矣。」克強曰，「請進言之。」余又曰：「中國人無公黨，只有私黨。政黨政治，不過一包攬把持一代名詞，無他義也。然如公之純潔大度，亦孰不願其包攬把持乎！故曰有伊尹之志則可，無伊尹之志則篡也。」克強曰：「敬受教。」

頃之，楊以德來，余即介克強與之相見。克強操湘音，以德不甚了了。余為轉譯，使滿意而去。午後同乘車，凡所經過，若有官署，必聞歡迎聲。與遁初閒談應用道德之說。未幾至北京前門車站，滿街五色國旗招展。其到站歡迎者，以灰畫地，以繩攔之，分省份，分團體。有若市民、有若商會、有若新聞界、有若政黨，百數十部。男者、女者、老者、少者、向克強行一鞠躬禮。克強拈髯微笑。出站門則總統府紅牌汽車數十輛在焉。克強偕陳其美坐而入總統府。

世凱初見克強，下階迎。握手笑曰：「神交已久矣。自公北來，近日外交，都易就緒。」克強致謝詞，即言「奔走數十年，不諳政治，中華民國，總是仰仗總統。興無能為役」云云。頃之，辭出，遂入菜廠胡同行館。

翌日，清室開歡迎會，溥倫主席。時孫中山在京。主人致辭，中山起立而答曰：「今日文有微恙，請黃先生致答詞。」於是克強起立，略言民國係世界潮流，非有所惡於帝室而為之也。至於優待條件中，有英國公使參加，斷無改悔云云。時隆裕太后尚在，特遣內監視黃興為何如人焉。自此以後，各省、各團體，逐日歡迎。日或三五處，以多不記。

是時改組內閣，定趙智庵為總理。國民黨人意在宋遁初，世凱不願也。或欲以沈幼嵐為過渡總理，或欲以長內務。均非世凱意也。於是克強拿朱桂辛等皆入國民黨。章紹希笑謂余曰：「此內閣政黨，非政黨內閣也。」克強每夜在行館約本黨及新聞家開會，總以大結合為言，無事攻擊異黨。本黨各報切不可輕為詆譏之詞。日召報館再三申警焉。時北京氣象漸露融洽之意。余與陳鳳光同居行館中八角亭，竊引以自喜，以為中國自此好矣。

比國借款，克強受朱桂辛之託，特召臨時參政議員予政府以無條件同意，省略三讀會，即時通過。世凱不知感，且以克強勢力如此膨脹，日益忌之。口中則曰：「克強誠篤君子，將來擔當大事者，其惟克強乎！」然克強自待甚高，雖授勳一位上將，皆為文辭之。世凱愈忌焉，然諛詞益盛。嘗言「克強留守南京時，不向政府要款，凱甚感激」云云。

湖南會館開會歡迎時，克強為書四擘窠大字，其文曰：「南北一家」。以首二指拈筆書之，字特雄偉。亦可謂極捭闔之能事矣。

居一月，返天津。世凱令直隸都督招待於法國飯店。適梁啟超自日本歸，將至大沽。於是楊、范之流特留克強在津門多住兩日，與啟超見面。會天大風，船不能進口，一連三日，而克強去矣。去時留書予啟超，囑其將在日本反對共和種種劣跡洗去，然後乃問國事未晚。此事李小園聳克強為之。此稿亦李小園所屬。從此黃梁分離，而世凱乃得潛行其操縱之術。第二次獨立之機召（兆）於此，余亦無心於國事矣。小園者李□□（書城），鄂人，克強為元帥時參謀長也。

宋遁初之離湘

遁初之歸武陵與克強相後先。常德人士亦改常德南門為教仁門，以歡迎之。遁初於癸丑正月至長沙，實為選舉議員事，余與之深談。余頗畏選舉運動之難。遁初曰：「何必代議士而後能愛國哉！如公者尤不必作政客也。」余深感其言，興味頓減。時頗有欲擁遁初為湖南都督者。遁初登報聲明：不與聞湘省政治。議乃稍緩。遁初初意本欲俟湖南選舉竣事後乃離湘往滬。頃之，都督議又起。遁初曰：「此間不可久留矣。」遂之江西，沿江往上海。未一月而被刺。當遁初去時，祖庵派一小火輪送至漢口，余送至江干，意殊眷眷。初不料故人不返矣。遁初卒後余輓一聯云：「來日大難，後死者責；高山仰止，先生之風。」至今思之，皆成流水。志士苦心，為之三嘆。

記洪述祖

遁初被刺信至北京，陸鴻逵聞之，大聲曰：此必寧（應）夔丞之所為也。」未幾，偵察四出，祕密公開，果然夔丞也。此人為上海著名流氓，先與洪述祖為友，述祖北江[5]，曾孫，平生

5 北江——洪亮吉號。

膽大妄為，居然豪貴。友人顧巨六[6]，曾與之同乘兵輪至津門，目睹其舟中一切侈靡，非貴公子無此氣概。京師所致寧（應）電，有所謂毀宋酬勳位，毀宋贈十萬者，皆出述祖手。時述祖為內務部密書，總長則趙秉鈞也。故宋案發生以後，影響即及於秉鈞，以述祖故也。因宋案遂至興動干戈，世凱乘機以統一中國，卒長野心，帝制自為。世凱亦以此敗。遁初一文弱書生，居然使世凱畏如敵國。趙、寧（應）、袁、洪次第斃命，故曰：「言行君子之樞機」，不可不慎也。

再記洪述祖

秉鈞死，世凱亡，洪述祖匿居上海租界，宜可優遊卒歲矣。不意漁父之子伺察多年，忽遇之，扭送中國法庭，輾轉而至北京高等廳，已判為無期徒刑矣。述祖聲明不服，上訴大理院。時吾友陳爾錫為大理〔院〕推事，嘗為余言：推事中有一老人，性情刻薄。凡上訴之案，若入此人

[6] 巨六——顧鰲字。

手，必加重。述祖陳大理院案，適分入此人手，遂判絞，加重也。高等檢察廳獄官某與述祖善。既聞述祖當絞決，泣涕以告述祖。述祖曰：「行刑何日乎？」獄官曰：「明晨。」述祖曰：「為我呼妾來，與之訣。」妾來而泣。述祖曰：「無庸！死生，命也。」援筆書一聯云：「服官政禍及其身，自覺此心無愧怍；逢亂世生不如死，本來何處著塵埃。」述祖善為星命之說，顧謂獄官曰：「本欲為君一評星命，今可矣。」獄官欷歔流涕，述祖自若也。及翌晨以車載述祖入刑場，捽其頭置絞機中，斯須畢命，頭仍斷焉。

國史館長

國史館長，政府初欲畀章太炎，以與孫、黃為友，故改延王壬丈充之。夏壽田、楊度所推舉也。壬丈聞命即行，至上海，沈子培等尼之，遂仍歸湖南。

世凱戰勝克強，特命湖南都督湯薌銘賫命到湘潭雲湖致世凱意，促其來京，由湖北都督段芝貴辦供給，時壬丈窘甚，頗不耐寒素。又其行御婦人世所傳周媽者，受財賄為用度，牽鼻促壬丈行。壬丈故與世凱諸父友，其季父保恒，同年鄉舉。遂行。至湘潭，鄉人觴之陶公祠。天大雪，孫孝廉文昺曰：「雪高五尺，人馬縮瑟，比齊河道中何如？」湘綺不答，沉吟曰：「齊河道中」。翌日，冒雪行抵長沙。都督供張特甚（盛）。留數日挈眷屬伯亮衡子，及門陳兆奎、周逸並周媽及其子周一乘輪舟至漢口。過江謁芝貴，持刺者周媽也。頃之，至北京。政府以武功衛房屋居之。

到京二、三日，袁世凱特改召見為延覲禮，請湘綺至總統府。湘綺攜陳兆奎同入，談數小時而出。世凱貌極恭，但不自稱小侄，於保恒事漠然也。湘綺出，至武功衛告人曰：「余再不願見此人矣。」時尚未就職也。諸門生後輩來，每談及史館，壬丈輒以諧辭答之；莫能契其旨也。伯亮極不以就職為然。而田、度[7]慫恿之。周媽尤脅促之。伯亮夜跪以諫，壬丈以足蹴之。翌日伯亮遂歸長沙。於是湘綺為夏、楊、曾（廣鈞）、周所左右，不能自由矣。

三月之杪，開留春會於法源寺，到會者近二百人，湘綺多以前輩戲之，大抵翰林也。壬丈有詩紀事，余亦作五律和之云：「不辭千里遠，來賞永和春。樹上黃鸝囀，花間白髮新。斜門穿戲蝶，芳徑欲迷人。京洛緇塵滿，還期曲水濱。」壬丈告人曰：「師晦愛我，伯亮儔也。」未幾，

[7] 田、度指夏壽田及楊度。

曾廣鈞秘書之命下，而鄧許起樞、駱成驤、林次煌等之纂修、協修皆出矣。政府以優賢故，其命令微變其文曰：「國史館長呈請任命」云云，不署王闓運三字。未幾，授參政、贈勳章則直命王闓運云云。不客氣矣。參政院開會，湘綺亦時到會，集中有五古一首，此時作也。

夏六月，余歸湖南，八月歐戰事起，國史館移於□□□，至十一月，壬丈以印交楊度，拂衣而去。於史實未著一字。纂修、協修請壬丈訂史館條例。壬丈曰：「瓦岡寨、梁山泊也要修史乎？民國才二歲，無須作壽文也。」卒之曰：「訃聞無官銜，哀啟惟述病狀，蓋難著筆。」

湘綺既葬，黎副總統為製神道碑文，長公子代功必欲請我書；且為索潤筆二百兩。至今猶未立碑，稿存其家也。

湘綺之卒也，與克強、松坡相先後。松坡首起義兵，以雲南一隅推翻中原全域。袁世凱因以斃命。故其歿，天下哀之。克強歸自美洲，倉卒病殂上海，聲光已不逮松坡遠甚。然為友犧牲，人皆諒其愚直。故其死也，同黨人哀之。至於湘綺先生，學問文章本為中國泰斗，年至八十三，而為國史館長一出，一時海上遺老，冷嘲熱笑，載在報紙者時有所聞。其死也，雖其子代功、代懿輩猶不哀之，又無怪天下人之蔑視也。輓詞以楊度為最著。余之輓詞亦頗為京師人所傳誦。詞云：「與先伯父為死後之交，送櫬過邯鄲，祖道文章多苦語；獨餘小子無門生之分，深情託金石，他年碑版有師承。」克強死，開追悼會於湖南會館。余輓詞云：「相見在三年以前，後樂先憂勞甚矣；論交於萬里之外，撫今思昔總凄然。」亦恰合身分云。

留學生雋語

安東鐵路賄案，播於全國。曹汝霖反因得為侍郎。陸鴻逵辦帝國日報，日日罵之。一日汝霖遇鴻逵，汝霖曰：「本是同根生，相煎何太急。」鴻逵曰：「言之者無罪，聞之者足以戒。」吳綬卿為第六鎮統制官，偶與徐佛蘇遇，慨論時事，綬卿曰：「誤天下事者：第一條、第二條。」時憲政館編纂法典，其條文云云。佛蘇固法政學生也；故綬卿以此譏之。佛蘇曰：「何如第一鎮、第二鎮乎？」聞者啞然。

北京偵探時代

國體初更，趙秉鈞、陸建章相偕入國民黨，偵探權輿矣。二次獨立〔失敗〕，黃克強走日本，南京都督張勳實為之。北京以亂黨潛伏於肘腋之間，於是偵察四出，北京士大夫大為恐怖。警察廳、軍政執法處、憲兵司令部，皆偵探機關也。北京有會館，各省府縣人士會試麇集之所。每晨有珠寶客人、文房小夥往來於各會館中，攜物以求售者，偵探也。戲園走卒，火車茶房，執鞭煮茗以侍候客人者，偵探也。茶樓酒肆，余初至京時向（尚）有紅紙單帖揭示廳事者曰：莫談國事。或曰：御史風聞，緊防言語。及於民國，以為言論自由矣。孰知有甚於勝國者哉！

又有所謂娼妓偵探者，濃塗艷抹，招搖於市門，一遇輕薄少年，多方與為勾結，或竟嫁作婦人。及亂黨事發，而美人受上賞矣。又有所謂志士偵探者，政府以金錢籠絡，口頭孫黃之流，手攜短杖，身著西裝，與人大談時政，或竟為國民黨人抱屈。或有受其誘騙者，登時縛送衙門，而身首異處矣。又有庸劣偵探，實無所獲，久受豢養之恩，並無見功之地。於是假為委任，託之孫黃，日伺浴堂。見有脫衣入浴者，暗以此類文書，置其衣裡。及浴畢歸家，方下樓即遇緹騎。一搜身中，證據確鑿；而此人無生之氣矣。如此種種，更僕難數。余時在北京，以吾友朱桂辛預戒，不赴友人之宴，不入沐浴之場。可笑如此。江蘇陸定以嫌名而受逮捕，湖南范秉鈞入獄半日即不似人形，又事之尋常者矣。此時北京士夫目擊情形，均有「時日曷喪，余及爾偕亡」之嘆。而頌功德者，尚以為堯天舜日也。

河南某人，世凱之姻親也。以嫌疑被執法處捕去。世凱查囚簿，顧謂陸建章曰：「此人何至於此？」建章曰：「總統言何遲，已槍決矣。」世凱曰：「何其太快！」建章曰：「處中屋小，無地方容此輩，不得不為疏通地也。」世凱太息久之，從此用刑稍寬矣。自餘如湘鄂寧粵各省死於亂黨者，何可勝道。世凱之帝不成，非盡松坡之力，人心早已失之矣。

張文襄之用人

文襄初為山西巡撫，閻文介丁寧囑之曰：「能參王定安，乃非書生矣。」文襄到任未久，即諫劾之。張彪，山西楡次人，充撫署弋（戈）什，文襄賞其敏捷。從山西帶至武昌。歷保而為提督。又以女僕妻之。即署中所謂七姑娘也。

馮紹竹者，粵人。以道員須次湖北，文襄賞其殘忍，而用為巡警道。曾文正所謂之絕無良心科也。紹竹用徐狗子為其走狗。於是武漢革命黨無案不破矣。瑞徵來參馮紹竹，殺徐狗子；而辛亥革命首破武漢。徵亦狼狽走。攝政王與徵為姻親，不能下就地正法之命。武昌既破，上諭即有革黨二字。於是漢口外人均認革命黨為交戰團體，皆革黨二字之力也。至今武漢人猶言若紹竹在，必不至此。可見文襄用人無書生習氣。

文人革命之始

前清文人革命，論者謂為康、雍、乾三朝魚肉文人之報。然其始自富有票也。德宗既被幽，天下文士皆垂頭喪氣，鉗口結舌，不敢談天下事。守舊者從而揶揄之，益自覺無立足之地。唐拂塵迎復生柩於京師。歸，遂汪洋海上。未幾，移家申江，其弟才中往來於江湖各省，遂得通於內地青紅幫及哥老會之魁。拂塵忽得巨款，又適拳民起，遂謀舉事武漢。拂塵改姓鄒，招沈漁溪、林述唐往。述唐方病瘧，不敢稍息。

湖南之事，先通於許玉屏、李賓四、黃鈞侯兄弟、周燮甫，以次及於何來保、蔡忠濬、李虎村、汪逸卿、楊子玉等。子玉偕燮甫往衡州，招會渠號冒目者。以湘東楊氏為東道主人。遂得通於叔枚焉。子玉等往衡州，道湘潭，主余家。時東南風，由長沙至衡，乘船往，二十日不可必達。至湘潭，改由陸道，徒步往，往返不過十日。時天熱如火，苦乃不可言矣。

余策拂塵在武漢舉事，誠為得地勢；然手無一兵，專恃此烏合之眾，其不能有成也，必矣！又策拳民必亂京師。遂馳書拂塵，勸其率徒眾往京津，俟隙而動。且德宗之事，天下之所憐也。公若挾天子以令諸侯，人必忘其為曹操，乃相與有成耳。拂塵不報。

賓四賃屋於長沙僻處，為招攬之地。張堯卿等時往來其中。於僧人叩門告貸，賓四予錢四百而去。余告賓四：此必探者。即日移他處。翌晨，撫標親軍管帶劉俊堂以一營兵兜捕，無所獲，乃去。此庚子六月初旬事也。富有票者，仿湘中錢票而制，紙質形式舉無以異。有詩一首，口耳傳。詩云：萬象陰霾打不開，○○○○○○○[8]，頂天立地奇男子，要把乾坤扭轉來。拂塵丁酉拔貢，負文名。初至漢口，謁武昌府知府余堯衢，堯衢少與酒食周旋。至是，紅巾纏頭，坐高處開堂發令。堂上一呼，堂下萬聲相接。及發餉日尤歡喧雷動焉。

[8] 此句應為「紅羊劫運日相催」。見岳麓書社出版的《自立會史料集》。

是時，長江一帶，溯而上至衡，沿而下至崇明，無不有富有票。洪容（容閎）等開國會於上海。廣東、江南、湖北三總督與各國領事締相保約，與朝廷旨異趣。事起於李、劉，先列孝達名，合詞上奏，疏發而後告之。劉忠誠電孝達云：「不奉偽詔。」李文忠嘗告人：香濤被余強姦。指此事也。富有票事，先已與孝達略通其意，孝達未嘗執為不可。及案破，拂塵被捕，孝達委武昌府審。堯衢不願見拂塵，以扇掩其面云。拂塵慷慨陳詞，願寸斬此身，不關他人之事。或固詰其黨與。拂塵大笑曰：「此間自張宮保以下，皆與焉。若足下者，尚不足以語此。」孝達覽供詞，憪然。欲以監禁定案。鄂藩俞聯沅引刑律堅執以為不可。遂殺拂塵、沭唐、□□三人。其他掛名黨籍者，孝達已一火焚之矣。

湘撫俞廉三由刑名起家，株捕甚急。於是汪逸卿飲鏹水死，李虎村、何來保、蔡忠濬先後就捕授命。李賓四號為飛將軍。廉三驚其貌，必欲得之。乃乘小舟自衡、郴遁。一時風聲鶴唳，緹騎滿街，從八月至十月不絕。於是偽為書予王心田，語以武漢事，屬其無墜初志。心田之兄署善化縣事，引大義滅親之義，至撫署自首。廉三委臬司及幹吏數人會審心田，經一夜不可得〔實〕。於是，其兄為具保狀領回自管。從此廉三知受枉者多，遂不肯多及。而衡州教案事為外人所持。兩宮蒙塵，廉三惴惴，恒恐在禍首中，不勇於殺人矣。或傳劉俊堂遭鬼擊，皆笑柄也。

方事急時，孝達電廉三，以瀏陽唐氏一門，死事殊為可慘，請貸才中一人。廉三覆電：已正法，不及事云。

公羊學

公羊學不為功令所許。有清一代治此學者不過數家。而晚年極盛。自王湘綺治公羊春秋，傳其業者，門弟子中推蜀人廖平季平。季平演此義為今古文學。康南海從而光大之。於是有《新學偽經考》之著。時吳縣潘祖蔭伯寅，以《尚書》而治公羊學。京師清流頗放言不諱。從此士夫有新周故宋，孔子當王之思想；不復屑為一姓伺養。其後，世界歷史所稱十六七世紀數大革命，暨平等自由之說乘之入中國。迄於辛亥，魚爛而亡。

張孝達最惡公羊學

張孝達督湖廣時，湖南丁酉科鄉試以「述而不作」一章命題。龍陽易順豫中式文，談公羊春秋，已刻闈墨。孝達故與順豫相習，閱之，即電湘撫陳右銘撤銷此文。

李文田不喜康南海

萬木草堂為康南海講學之地。其時不過數十人而已。及移粵東省城，門下著籍者數將及萬。丁酉科廣東典試使者將行，辭順德李文田，文田切囑勿令康祖頤中式。使者請曰：「何以知為康作？」文田曰：「此人文體詭譎，一望即知。」榜發，南海中式。此科題為「如有王者，必世而後仁。」南海文平正通達，確似制藝家之所為。典試使者特為刻入闈墨，所以謝李文田也。後南海謁房官主考，均用單片，不稱門生。一時嘩然，亦無如何也。戊戌春試，復中進士，名動公卿。而公車上書，遂以開晚清維新之局。

潘伯寅面諷康南海

南海謁潘伯寅，慨然太息曰：「公長工部，而道路不治，何也？」伯寅笑曰：「君欲立談取卿相耶？」

同光之際學風

自翁叔平、潘伯寅以朝貴為公羊學，兼治詩古文辭、金石，提挈宗風，倡導後進，京師上自尚、侍，下至編檢以及部曹內閣才俊之士，靡然從風。而以張孝達為上首。宗室盛伯羲、滿人寶竹坡、端午橋，豐潤張佩綸，吳人吳清卿、洪文卿，浙人沈子豐、子培、李㤅伯上旡下心、黃漱蘭，贛人文道希，粵人梁鼎芬，湘人王益吾等均相尚以學問，然不及時政也。

甲午敗，割臺灣，士夫憤之。海內著書言匡濟者，日益發舒。至孝達由山西巡撫而總督粵、鄂，創廣雅、兩湖書院。陳右銘講學河南，改訂河北書院章程，分經義、治事教士。學者耳目日新，以高談時政為名貴。浸淫及於公車上書，南海遂為泰山北斗。此非一朝夕之故也。清德宗傷心於甲午之役，發憤欲有所為，嘆謀國之無人。內廷演渭水訪賢劇，退而嘆曰：「安得有姜太公其人者而訪之。」瑜、瑾兩妃在側聞之，以文廷式進，遂命大考翰林，而密諭閱卷大臣：「文廷式必列一等。」道希遂以第一人進侍講學士。時孝欽雖撤簾而好與時政。方大考時亦密諭翁叔平：「張百熙可第一。」政權所在，廷臣固不敢違德宗意也。

天下方承平，治樸學者固鮮。獨俞曲園長浙江詁經精舍，專為高郵之學。王益吾、葉煥彬相與應和。及於戊戌，海內分新舊兩派。王、葉稱為舊學龍象。南海四上書後，居京師城外米市胡同南海館。日夜奔走公卿間，至於車內攜帶臥具，蓋不暇顧及飲食起居矣。吾鄉孫蔚林見之，南海曰：「吾已三日不及治膳。」非虛語也。翁叔平、陳右銘、張治秋先後力保康南海。德宗以孝欽故不敢驟貴之，特命開譯書局於上海，賞梁啟超六品頂戴。復命譚嗣同、康廣仁、林旭、楊深秀、劉光第、楊銳為軍機章京，參與一切新政。宋伯魯、王照均以四品京堂候補。蓋皆南海所援引，為京師新學龍象。惟銳為孝達督蜀學時所取士，方為孝達著《勸學篇》。其入軍機，由孝達薦也。於是成百日維新之局。及八月政變，翁叔平加看管，陳右銘、文廷式革職，張冶秋僅中飭為特典。葉煥彬加四品銜，端午橋進愛國歌得免於禍。惟孝達持祿保位，朝廷畏其名，不敢如何也。聞其得叔翹正法訊，哭三日焉。

劉忠誠一電救德宗

戊戌八月政變，西后謀廢立。時劉忠誠督兩江，樞府電詢意旨。忠誠覆電云：「中外之限宜嚴，君臣之禮宜肅。琨之所以報國者如此；琨之所以報公者亦如此。」朝廷知其意，謀稍歇。

譚復生為父謝王五

譚復生學為解脫，而性實忠孝。戊戌八月，訓政命下，復生居繩匠胡同瀏陽〔會〕館。大刀王五謂復生曰：「吾能保君出京門，曷從我逃乎！」復生以父故，甘心就死，謝焉。然復生死，而繼洵中丞仍不免於革職；即復生逃，罪亦止此。故復生死，實傷老父之心；且使國家失一願力宏大之人。惜哉！

隆裕太后欲殺袁世凱

戊戌政變，袁大總統賣友叛君，終至亡國。一身所安享者：魯撫、直督、宮保、軍機大臣也。種瓜得瓜，豈有絲毫國家觀念哉！西后逝，隆裕必欲殺之。而五王懦弱，僅予以開缺回籍。

是日項城進內，張孝達告之曰：「有旨意，公可候之。」項城汗透重綿。及聞新命，叩頭謝曰：「聖恩高厚。」嗟乎！此一線天良未泯之言也。

義寧陳氏之清風亮節

陳右銘革職，將歸江西，不能成行。朱禹田贈銀萬兩，及鹽商饋贐又將二萬。右銘為其夫人營墓至八千金，所餘無多。而一家用度，不減於居官時。右銘卒，伯嚴尤不知生計。湘礦極盛時，特贈四萬金，伯嚴亦隨手而盡，故師曾在京時，年必以千金養親。余閱世數十年，所不愧清風亮節者，義寧陳氏足以當之。

戊戌湖南新政

戊戌春，湖南長沙稱為德星所聚。蓋陳右銘為巡撫，黃公度為臬司，徐研甫為學政，譚復生、唐拂塵、熊希齡之流為奔走百執事。於是時務學堂、湘報館、南學會後先出焉。然暗中主持者，伯嚴公子也。時王益吾為岳麓山長，亦倡率孔憲教，葉煥彬及諸不得意孝廉秀才，流言聳動，隱與為敵。於是有《翼教叢編》之刻。

時務學堂總教習為梁啟超。大抵援引師說，附會西政。在今日則瓦礫，當時固金玉也。南學會設又一村，本巡撫射圃，規模頗為闊大。特延善化皮鹿門主講。鹿門年近七旬，而精神矍鑠，語音宏大，能令聽者忘倦。每五日一開講，巡撫、兩司迭為之主。熊希齡親為延客搖鈴之役。入會者旬月至數千人。人徵三金焉。楊度時在湘潭從王湘綺為公羊學，欲作〈鐵路賦〉而未能也。湘報館論文，大抵言詞激烈。唐拂塵下筆千言，譚復生開口痛哭，尤為人指目焉。

巡撫初辦礦務總局，用黃修園為提調，梁辟園（垣）為文案。修園名篤恭，早納交於伯嚴公子。雖提調礦務，而為籌措一切新政經費。故巡撫倚之如左右手。辟垣於學務頗有主張，及見新舊交哄，則又大懼。刻《朱子語類》一卷，欲有所矯正焉。時海疆岌岌，瓜分之說，日有所聞；

又兩宮嫌隙日深。右銘獨引以為憂。嘗終夜徬皇，不能成寐。有條陳事者，議改岳麓書院為學堂。王山長聞而大憤，即致書巡撫辭館。右銘覆書言：「公不戀館，弟亦不戀官，臭味之同有如此者。」益吾得書，不測巡撫意之向背，為之三日不懌。

王湘綺本右銘老友，時為船山山長，兼長昭潭書院，往來衡、湘間。亦時至長沙，言不及時政。聞廢四書文，欣然色喜。以為此誠空疏無用之物。後見廢科舉，則大恚曰：「國亡於此時。」（王湘綺以廢科舉之年為民國元年。）

蔡松坡為江建霞所取士，程潛為徐研甫所取士，唐拂塵、畢永年、譚延闓皆丁酉拔貢。亦江學使門人也。一時吾湘才俊，如狻猊搗營，風譎雲靡。人見之者，皆以為狂妄少年也。御史黃均隆疏參右銘，指目及於樊錐，可謂濫登白簡矣。

戊戌維新所謂百日者，在五、六、七三月。時翁叔平已出軍機，王文韶以年資為漢大臣領袖，庸懦無所樹立。清德宗孤立於上，康南海主持於下，日所計事，獨新進六章京。然除舊布新，日有興廢。德宗欲自擁兵柄。譚復生主用董福祥；康南海主用袁世凱。德宗左譚而右康，遂賞世凱侍郎，欲用以制榮祿。孰知其狼子野心，固不可以恩感哉。自是八月訓政，庚子招拳，浸淫傾軋，以至辛亥。世凱自為大總統，中國由是大亂。皆用人不慎，遂致此極。袁世凱一人之罪也。

舊學真經考

康南海著《新學偽經考》，大為時人詬病。譚復生嘗告人曰：「今人何嘗將《新學偽經考》翻過一遍；因其名之詭異，一犬吠影，百犬從而吠聲耳。若名《舊學真經考》，人將傾服之不暇焉。敢詆毀哉！」

王何必曰利

丁酉冬，王益吾開火柴公司於長沙北門。翌年正月，至友人周笠西家賀年，為言火柴公司之利，眉飛色舞，旁若無人。笠西聞之唯唯。徐引孟子書曰：「王何必曰利？」

名優自願嫁名士

王湘綺遊廣東，有女名優蓄數萬金，擇所事。時廣東有在籍兩達官均欲得之，優謝焉。自願嫁湘綺為妾。即綠雲也。湘綺攜妾入石門，居十二年，畢治九經，乃得成學，此數萬金力也。綠雲貌僅中人，而工崑曲。湘綺在石門時日寫經注三紙，入夜，姬人為歌數曲，以賞其勤。曾文正在江南，湘綺告以納妾事。文正笑曰：「君不畏丁果臣耶？」湘綺曰：「早經奏明在案。」時湘人有七巡撫，聞名優自願嫁名士，騰書相歆羨。湘綺予人書，有「納一妾而名動七巡撫」，引以自矜云。

王湘綺經注文不減漢人

有清一代經學家，多不能為文。湘綺深於小學，尤服清人小學。然注經時引用王懷祖父子、段茂堂之說，並不標舉原書，非掠美也。鄭康成於詩箋引三家駁毛，亦未嘗明注此魯說，此齊說，此韓說。蓋注家義例如此。湘綺箋詩用公羊學，於〈日居月諸〉、〈二子乘舟〉兩章獨舒己見，推倒四家；義精於何劭公，文美於范蔚宗。學者試一讀之，有不五體投地者乎！

湘綺於《九經箋》，最得意者《春秋箋》，最不自信者亦《春秋箋》。余嘗請問治《春秋》之法。湘綺曰：「治《春秋》當先學《禮》，學《禮》當先讀《中庸》；《中庸》惟〈天下至誠〉一章，即《春秋》精義也。」言猶在耳，至今不能契焉。

湘綺又云：據《禮》，天子諸侯，無一日無人當禦；又無一日不齋戒。此何以故？曾發題問尊經諸生，諸生不能答也。清人善注書，不善著書。惟湘綺文章經學，合而為一。以著書、注書，自然大雅。故得《王志》一卷，勝讀曲園千篇。

王湘綺一生學莊子

湘綺予人書，有「把臂漆園，通情孔周」之語。箋啟中時時見之。三十六歲後即絕意仕進。著書四十餘年，成此絕業，誠為盛事。純親王聞而慕之。欲以會元予之。朝士馳書，勸其赴禮部試。湘綺覆書云：「如欲屈老夫，除非特開宏博。」當時服其人品。頗惜晚年為史館一行，殊為多事。

蜀士尊重王湘綺不專在學問

丁雨生推尊湘綺，自云：「我尚不能為其門人。」帥蜀時，即延聘主講尊經書院。乙酉科鄉試，典試者為丁門生。雨生為監臨，諸生出闈，山長索小講密封以進。是科中式舉人，十九尊經學生。有某生自覺不佳，別制以進，遂落第。

王湘綺一言殺羅研生

羅研生撰《湖南文徵》，書成，年八十矣。結銜題「後學羅汝懷撰」。書中選入子萱文數首。王文韶撫湘，以此書初成，大會賓客，共賞名著。湘綺笑曰。「研老愈老愈謙恭，於其世兄，亦稱後學。」研老大慚恚，歸即病，月餘卒。

俞曲園晚猶學道

曲園以「花落春猶在」詩見賞於曾文正。其褫職是「花落」；主詁經數十年，得浙、杭山水供養是「春猶在」。文正嘗嘆其拚命著書，王湘綺不甚然之。文正曰：「蔭甫要是讀書長者。」晚年學道，嘗偕其夫人遊靈隱題句，有「泉自冷時冷起，峰從飛處飛來」之語，雋永有味；一似真知道者。後疾革時作詩數十首別親友家人。最後有〈別俞樾〉一首。可謂從容中道矣。至外傳預言數詩，可存而不論。

印刷物橫絕地球

中國印刷物，其先只有雕板。宋槧元刻尚矣。明有北監南監，嘉靖刻本尤有名。其私家刻書，若明之汲古閣，清之知不足齋，好名之士，多能為之。清帝亦講刻書。康乾殿本外，尚有袖珍本，亦精刻也。雍正朝曾以上諭徵求福建善本。朝廷不求金而求書，自是風雅天子。自洪秀全敗，左文襄先刻書於浙江。曾文正督兩江，金陵書局踵之而起。張孝達開府粵鄂，先後設立廣雅書局，湖北官書局。最後有湖南之思賢講舍。

光緒中葉，外國印刷術入中國。先是，上海製造局譯印聲光電化科學書，間亦及於政治、公法，其書，字畫精美。鉛字檢印，而仍用中國舊式；本頭亦大。今猶有存者。未幾，銅版入中國。同文書局首印乾隆四年校刊之二十四史。下至尺牘、文集，無不有石印。從此，幾於無人雕板。及於清末，珂羅版影印之法流入中國，上自三代鼎彝，下至時賢書畫，朝入市肆，暮化萬身。從前揮多金而不得者，今則光照几筵，下真蹟一等而已。故印刷物以中國為最美。何者？有新者，有舊者，有中土固有者，有世界輸入者。雜然羅列於市肆，如五都備呈眾妙，一洗人民固陋之習，而中國文化由貴族所專，變為民眾共享，此其關鍵也。

徐世昌為總統時，設刻書處於北京法源寺。取顏習齋四存之義，設四存學校及四存書社，意在提倡北學。書雖不及廣雅之博，思賢之精，浙局之大雅；在北京誠為出類拔萃之作。世昌任總統三年，亦以刻書為第一善政，至今〔書局〕猶存。聞張雨亭以十萬金刻清史，比殿版尤為精美，尚未見也。

大學堂試驗生理學

北京大學堂試驗生理學，欲殺一羊，管學大臣張冶秋專摺奏聞。奉旨准其殺羊試驗。張大臣小心謹慎如此。

滿人亦未嘗不學

滿人之不學，清時即不諱言。端午橋欲與漢人爭此一席，故有八旗文經之刻。寶竹坡、盛伯羲、偶遂亭（肅親王）居然大雅，非復旗名士之比。毓朗略習幾何，文筆清順，即翹然矣。至於貽晉齋之字，皇六子之畫，故未易一二數也。

日本大有造於東方科學

清自庚子後，以各國清議所在，仍下明詔廢科舉，設學堂。各省督撫以能派遣學生為有體面。張孝達改定兩湖功課，派遣學生動以百計。朝廷特派專員為留學生監督，汪伯棠最先。一時日本名詞，終日在士大夫之口。孝達厭之，以為此日本土語也。當日本初譯西籍，定名詞時，亦復煞費苦心。大半取裁內典及中國《史》、《漢》諸書，非杜撰。如「禁產」，「准禁治產」之類，本於佛典。「能力」二字本於《史記》，如此之比，不可勝數。至「憲法」二字，尤為古雅。中土初譯西籍，謂為「萬法一原」，意同而詞累矣。今外務部行文中猶有「治外法權外」之語，日本人定為「治外法權」，豈不文從字順耶？孝達在軍機時，欲有以矯之，特設名詞館於學部，以嚴幾道為之長，改「原質」為「莫破」。理科書中所謂「含幾原質」者，改為「幾莫破」，一時傳為笑柄。然西籍苟非由日本重譯而來，此等笑話，不知多少。

西籍難譯

西籍本極難譯。據日本某博士言，能得十之六七者，即佳書也。中國近來譯西書者，改用白話。余嘗以問橫文學家，渠言比文言較為易達。然《羅素講演集》，章士釗以為去原書太遠。則白話安見必勝文言哉。仍視舌人之學問如何，及用心否耳。

日本明治維新

日本明治，以數十年變法維新，驟臻強國，非獨政治良也。即學問亦別成東洋一派。以余考之，日本物質文明，純取之歐美；而精神文明，原本於中國。觀於戶山陸軍大學用龍山講義訓練軍人精神，即可知矣。蓋日本之強，實由中日、日俄兩戰。兩戰之所以獲勝，則歐美物質、中國精神兩相結合，成一晶體，有以致此。苟專恃物質文明，則王湘綺槍炮當侯之說，宜李文忠無詞以答之也。

康南海倡留學日本之議

日本之襲用歐美文明，由於派人留學。康南海倡留學日本之議，以地近而費省。於是編《譯書目錄》以發童蒙焉。戊戌秋，梁啟超亡命至日本，適日政府禁支那人內地雜居。啟超據公法發論，與日政府抗辯得直，遂廢止此令。華商感焉。謀所以酬之。置酒謝啟超，且道意。啟超曰：「與其酬我，寧設學。」未終席，得八萬金。清華學校起矣。啟超函致上海南洋學校招生。於是蔡松坡、范靜生之流航海東去。此時留學日本者，全國不過數十人，而以湘生為最苦。翌年，富有票案發，亡命者皆集日本；尤以湘人為最多。從此負笈東渡者日益增。至癸卯夏統計人數為八百九十八人，近千人矣。是時學生習業，大半為陸軍、師範、豫備，不及其他。而在早稻田大學者，湘人僅一周宏業而已。

留學者見中國時事日棘，而官吏之無記（識）瞪懵實維新之一大障。時民智漸開，乃進而謀開官智。又見科舉人才中流，士夫斷難為長期留學。日政府統計支那學生每人以四銀洋計，若至萬人，則稗販學問，年入金錢可至四百萬。計亦良得。於是梅謙次郎與范靜生等商量功課，於神田法政大學專為中國學生開速成科，以一年畢業。自是，中土縉紳，爭鶩於留學矣。浸淫至於甲丙之際，學生多至四萬，以四乘之，年費千六百萬，此為極盛。

時朝廷亦為留學生專開考試，中式者予以翰林、進士、舉人，並即時授職，優於制藝科舉遠矣。然人民尚不貴之也；雖學生亦不自以為貴。上者為仕宦，下者為生計而已。時有學牙科者，亦及第為牙科進士，授知縣職，當時騰為笑柄。王湘綺賜進士授檢討。贈張孝達詩有「愧無齒錄稱前輩；喜與牙科步後塵」之句。海內傳誦焉。

二張門人

張孝達、張冶秋在清末同負重望。冶秋為管學大臣，延曹汝霖、章宗祥為日本翻譯。孝達手創兩湖書院，黃克強、吳綬卿均出其中。一時謂張冶秋之門多賣國賊，張孝達之門多革命黨。

章宗祥比汪榮寶、曹汝霖尚為膽小

肅親王長民政部，汪榮寶、章宗祥均以學生不三年而為丞參。榮寶依附名流，在吳人中，視之若矯矯然。及入民國，趨附項城，無所不用其極。此如通天神狐，醉則露尾。宗祥於民國六年，大受學生攻擊。從此遁為商人，若不問政治，比曹汝霖、汪榮寶之流尚為膽小。

蔭昌兵潰

辛亥之秋，革命軍起，已失武昌矣。清廷命蔭昌為大帥，遲數日始成行。何以故？以覓一德國庖人，驟不可得故。師過河南，以兵士多無辮髮，土人或疑為西藏兵焉。蔭昌至中途，兵多潰散。清廷改命項城督師。至九月八日山西兵變，陸文慨父子殉難，繼任者即吳綬卿也。

梁啟超文章能品

民國方成，梁啟超在日本橫濱著論非之。其言之有理，持之有故。袁項城聞之，謂宋遁初曰：「只要卓如一條腿踏了民國地方，即無反對餘地矣。」元年十月，啟超實來，淹留天津，袁項城遣人招之，啟超欣然應命。戊戌八月之恨，久忘之矣。翌年，希齡為總理，遂約為司法總長。啟超多嗜好，每日過午乃起。自日本初歸，在天津包一蘇妓，月奉三千金，名曰迷樓。迷樓南去，花雲仙繼之。入骨愛牌博，每博勝負以萬計，皆中央政府供給也。

啟超家本寒微，童時見南海於萬木草堂，南海以其聰明過人，留草堂教之。得孝廉，年未二十也。故啟超之於南海，欲倚以立名，曾不敢違忤。亡命之初，嘗於排滿革命有所主張。及見南海於南洋歸，即改變言論，受師訓不敢不如此。

復辟之役，啟超佐段祺瑞誓師於馬廠。及張勳敗，南海匿於公使館。啟超長財政，通緝南海之命，啟超親署名焉。啟超以公義滅私恩，《春秋》「貴義不貴惠」之謂也。然自是師道替矣。

《時務報》出，啟超著《變法通論》，於民生之休戚，官吏之貪污，三致意焉。長司法部時，上畏項城之明察，下顧輿論之雌黃，頗能潔己奉公。在第一流內閣中，尚無愧怍。及長財政，年近五旬，而顧影亟亟，不能不為菟裘之計，公然賣缺。以肥瘠定高下，託名於黨費，實則半入私囊。時余在京師，聞而不信；以為啟超必不如是。後晤閩人程樹德，言之鑿鑿。再三詰之，樹德曰：「我即一主顧也。」於是鐵案如山矣。是故人不可多嗜好。啟超豈誠憒憒哉，嗜欲累之也。

啟超文格雖不高，然實能品。《清議報》初行，啟超日必為文六千字。庚子夏六月介范靜生延余為主筆，年薪五百元，以三分之一為郴州陳子祥學費。已戒途矣，而富有票案破，不能成行。靜生乘民船潛遁，余遂閉門讀書，著《春秋名學》一卷，其稿亦失。此為余一生最蹉跎之時也。然啟超中年文章復一變而為語體，則才智之過，習俗移人如此。故余一生不識啟超，後聞其通緝南海，則誠不願識之矣。

民國十三年，南海至天津。啟超之友數人者，先為疏通。啟超往謁，南海待之若平生焉。

《清議報》詆譏榮祿張孝達

梁啟超《清議報》呼大清為大濁。所以詆毀榮祿者，至比於司馬炎（昭）路人皆知其心也。榮祿聞乃大懼。時李文忠居賢良寺，榮祿一日往造之，伏地大痛，再拜求計。文忠曰：「公能回太后之心者，身名俱泰；否則，雖聖人不能為公謀也。」於是廢立之謀稍緩。剛毅入相，刑部尚書趙舒翹等黨焉。求所以媚太后者，大阿哥從此出矣。德宗時居瀛臺，衣服飲俱不周。每日請安及例應親行之事，脈案，雖日頒於天下，固不得而免焉。己亥夏，《清議報》登一文，為啟超致張孝達書。冷嘲熱笑，於其所以持祿保位者，表襮殆盡。孝達為之累日不懌。時有為聯贈孝達者云：「啟沃君心，恪恭臣節；力行新政，率由舊章。」蓋實錄云。

孫蔚粼別傳

先生諱文昺，字蔚粼，湖南湘潭人也。先世大富，至先生以學顯。繆筱山謬言湖南無訓詁考訂之學，頗推葉郎園，於先生未之知也。年□十舉於鄉。闈文出，人爭誦之。所著有《宋書考論》、《戰國策校義》、《戰國策札記》、《禹貢錐指訂誤》、《水經注札記》、《十七史商榷辯鑿》、《湘潭王志商存》。大抵不離高郵王氏者近是。為人嚴毅誠篤；尤善於言語。成學在中原鼎沸之時，毅然有守先待後之志。以德裳之無似，猶得斥為學匪。國變後，項城以國史館長待王湘綺。湘綺初辭之。門人耻其言不售，以重金賄其侍婦挾以行。至湘潭，餞於舟園，先生與焉。時風雪大作，先生從容問湘綺曰：「此時何如齊河道中？」湘綺不能答。沉吟良久曰：「齊河，齊河。」齊河者，湘綺赴禮闈，至其地值大風雪，賦詩而返。從此遂隱見《夜雪集》。先生為此言，蓋深譏之。

丙辰冬，湘綺稱壽於長沙。先生致書曰：「文昺無似，不能為文以壽先生，請歌先生之詩以壽先生可乎？遂歌曰：『出岫高雲倦欲休，四山□□合成愁；無端並作黃昏雨，一夜廉纖不自由。』又歌曰：『東郊流水長茭筍，赤鯉黃鰍也自神，乞與泥坑三尺浪，欲成龍處奈無鱗。』」

湘綺得書惘然，蓋三日不懌。□□秋九月九日，余泛舟湘江訪先生於江東故居，先生舉以告余如此。翌年又會於秦提督許。先生執手歡笑，曰：「吾服子矣。」余茫然無以應也。既而曰：「君不記土匪皇帝之言乎？」遂相視而笑。嗟乎！嗟乎！誰為為之，孰令致之。使我十年良友，盡此一見乎！由今思之，可悲也矣。友人楊教授樹達將為刊其所著書，世兄鼎宜，亦學人也。甲戌六月，相見於翁園，遂為別傳貽之。不賢識小，夫復何目。

論曰：先生可謂深於詩者矣。與世俗所謂能言之士，異日談也。光緒季年，陳義寧巡撫湖南，號能下士。縣人羅提督、周監督皆為上賓；義寧獨視偉先生。及挽教其孫，先生辭焉。湘潭與江西世仇。夏侍郎撫江西時，縣人黃冊庵為學政，王湘綺總大學，郭人漳練水師。先生笑曰：「湘潭之仇復矣！」曾以語楊皙子，稱為語言妙天下云。

張文襄逸事

光緒五年某月日，奉上諭：「山西巡撫著張之洞補授。欽此！」時文襄方罷蜀學歸京師，與潘文勤、李悉伯、王文愍、吳清卿為金石之學，京師號為清流黨。文襄以內閣學士初膺疆寄，意氣莫盛焉。時山西方修通志，府學教授楊篤秋湄主其事。秋湄所藏金石類（內）有勾吳鑒，亦作公吳鑒，勾、公聲轉通假。文襄與秋湄皆主其說，而不得其證。有王緯者，陝西人，以拔貢官山西，博學多通，而不勤政事，已降為二尹矣。竟函巡撫，引《儀禮》鄭注：「勾亦作公」為證。文襄大奇之，為開復其官。未幾，而平翻白牡丹獄。

白牡丹者，姓裴氏，祁縣人，嫁武鄉縣某氏子。白牡丹美名甲山右。某氏子童騃。頃之，某氏子暴死。人皆疑白牡丹殺之。顧亦不得其證。繫獄數年，竟定讞凌遲處死。未決。新撫來，白牡丹上訴，文襄特坐大堂，召兩司會審。文襄乍見之，訝焉。以為似其前夫人也。夫人欒州石氏，美而文。文襄既領鄉解，困公車，使酒跌蕩，夫人戒之。文襄怒，擲以巨硯，中要害遂死。文襄終身以為恨。乃其死時，正白牡丹生日也。故疑為再世，而貸其罪。承審者緯也。白牡丹既釋，未幾，死於家。

緯字愛亭，以拔貢二等分發山西。初不得意。及文襄降貴紆尊，論以朋友，愛亭亦日發舒。道路指目，以為此巡撫學兄也。

文襄本好事，不耐寂寞。壬午科，山西鄉試，巡撫為監臨，居闈中例一月。特調愛亭屈外為收卷官，以為談友。又頗慮日久人少，不能盡歡，囑愛亭於同官中約一人相伴以進。愛亭難之。

既而曰：「榆次吳令，袁簡齋外甥之孫，潘文毅女夫也。宜可矣！」然吳令實不讀書，無所知曉。同居近一月，喑不發一言。文襄不悅。所以揶揄之者甚至，且詈之曰：「令婦翁以十萬卷書贈朱九江，而不及足下，此不通者，必足下也。」出闈後遂不令回榆次，調知廣靈縣事。廣靈既貧瘠，其前任某又虧數千金，令吳償之。吳憤恨以死。死之日，誓其子曰：「汝不讀書者，不復血食汝矣。」子遂以博洽稱。（子）名廷燮，字向之。余官民政部時，燮適為參議。熟東北地理掌故之學，好服大袖衣，朋友或呼吳大袖子。

胡漢民等為召開國民黨五全代表大會聯電中央之原文

南京中國國民黨中央執行委員會公鑒：奉中央執行委員會八月十二日通告，確定於十一月十二日召開第五次代表大會，並根據總章第二十八條：全國代表大會常會開會日期，及重要議題，須於三個月前通告各黨員之規定，頒布重要議題四項為：（一）召集國民大會案；（二）修改總章案；（三）推進黨務案；（四）確定施政方針案。奉讀之下，不勝駭嘆！查自民國二十年十一月召開第四次全國代表會以來，瞬經三載。大會決議，百未行一。而國家民族之危亡，勢如累卵。內外同志，實深恫心。全國代表大會為本黨最高權力機關，振衰起弊，救亡圖存，責任至為嚴重；內外之屬望〔至〕殷。乃觀中央通告及所頒布之議題，無一及於當前救亡之大計。究之失地喪權者，何以謝責；危害黨國，何以懲處。今後之外〔交〕，將如何決策？內政將如何更新？反動軍權之統治，如何為澈底之更張？國家之基礎建設，又如何謀實際之推進？使黨基鞏固，正義伸張，失地可復，主權可保；而後以完整之國家，奉之於中國之國民，使本黨同志復稍贖前愆。上有以慰總理；下有以對國人。顧中央不此之務，徒以前述空洞落漠之議題，填塞此黨國存亡絕續之五全大會。此誠為同人所引為大惑不解者也。同人等認為國家危急至此，黨內問題，實無爭持之必要。當前所急，厥為挽救危亡，求所以自救自贖而已。故於中央八月十二日之通告及所頒議題，認為不適於今日救亡之需要；特加補充，說明於後。

（一）整飭政治風紀，懲戒喪權辱國之軍政當局案——「九一八」事變發生，負守土之責者，秉承最高當局之意旨，因持不抵抗主義。洎呈訴國聯，既告失敗，猶復因循坐誤，致淪陷國土達四省之多。本黨第四次全國代表大會所定嚴令各省官吏，嚴守疆土，不得放棄職守案；與蔣中正同志迅即北上，共赴國難案等，不特絕未實行，而喪權屈辱之事，則層出不窮。舉其要者，如坐令十九路軍之絕援潰敗，而簽定《上海停戰協定》案；如對日遷辟，而使著名親日之黃郛北上，簽訂《塘沽協定》案；如藉口技術問題，而實行通車通郵案。此外，如最近大連會議於冀東之別闢戰區行政案，及毀法亂紀，徑由政治會議之審核而實施對日優惠之海關進口稅新稅則案。至如偽滿僭號，竟以不成討伐對象，聊自解嘲。凡此種種，實非本黨以治權付之政府之本意。非嚴為懲戒，不足以整飭政治之風紀，嚴肅本黨之紀律。此應列為議題者一。

（二）嚴整一切淆亂社會，危害黨國禍首案——年來毀黨造黨之聲浪，喧擾內外，長江、華北各地至有公然背叛主義之一種非法組織。肆無忌憚，至於此極。空穴來風，斷非無自。此輩黨徒之濫用權威，任意殺人，造成社會恐怖。數十年來，事實昭然，尤不能以口舌爭。此必作俑有人，指使有人；始恣張跋扈，至於此極。非嚴予懲處，不足以振飭黨紀，保障人權，鞏固黨基。此應列為議題者二。

（三）確立外交方針並國防計畫，以維護國家之生存案——「九一八」以還，政府當局於外交、國防兩者，絕無方針計畫，徒以大言欺人。其始也，則曰鎮靜忍耐，聽候國聯解決。繼則曰：一面抵抗，一面交涉。卒之，抵抗固屬空談，即所謂交涉云者，亦不過儘量屈辱而已。四月十七日日本外務省發表其狂妄聲明書，各國政府皆能仗義執言，獨我國噤若寒蟬，且復密電駐外使領，不得有反對日本之言論表示，畏葸至此，國家人格，實為損辱無餘。今國際形勢日趨險惡，而更有所謂建立黃郛政權者，尤為空前之悖謬。中國為恢復失地，或應付未來之世變，苟非於外交上別立方針，固持挺進，必無以自存。就國防言，數年以來，但聞當局整個計畫之說。然失地如故，喪權如故。所謂整個計畫，其事實之昭然竟如此。對外屈辱，對內殘殺。此真國人引為深痛者。故非積極就外交、國防兩者確定方針，打開僵局，不足以維護中國之生存。此應列為議題者三。

（四）確定最低限度建設計畫，取消破壞本國工商業及人民生計發展之媚外關稅〔新〕則，並整理財政，救濟農村案——本黨定都南京以還，發行公債達十五萬萬，皆用於循環不息之內戰。國內資金集中都市，投機浪費，百廢不舉。民力日耗，農〔村〕枯竭，此實主因。人民困苦顛連，求生無所；此與本黨所持民生主義之旨，截然皆悖。就工商業言，國內商場，盡為國際帝國主義者所侵占。近日海關進口稅新稅則實行，中國經濟命脈，尤有為日本獨占之勢。以人民有限之脂膏，填國際帝國主義者無窮之欲壑，國安得而不窮？民安得而不死？而政府辦理財政，又徒以掊克聚斂為能。人民財富之源，層為蔽塞。涸轍之魚，固知其不能久也。故非實行生產建設，嚴格整理財政，積極救濟農村，不足以蘇民困而維國本。此應列為議題者四。上列四端，同人等認為必須糾正補充，列為第五次全國代表大會議題，決議實行者，蓋以第五次代表大會召集於內外叢脞之今日，實為本黨存亡絕續之機。倘不能振刷精神，更新現局，使一切過去錯誤之政策，得以為根本之改〔正〕，則國亡黨亡，又何待言。且以如此之重大事件，黨國所關之根本大計；本黨唯〔一〕之最高權力機關，竟可缺而不提，置而不議。則召集此種大會尚復有何意義？究其所極，大會結果，亦不過繼續既往喪〔權〕辱國之政策，與其排除異己之主張，益陷國家民族於萬劫不復而已。同人等受本黨同志付託之重，謬膺中央委員之任，無補時艱，徒慚清議。引咎自劾，寧有違言。茲當大會召集之期，謹以夙昔所懷，公諸中央。同人等為維護本黨，鞏固國家，誓必堅持上述主張，奮鬥不已。苟利於黨國，任何牲犧，在所不辭。特電奉達，敬冀採納。中央執行委員、監察委員胡漢民、陳濟棠、李宗仁、蕭佛成、鄧澤如、白崇禧、黃旭初、李任仁、劉紀文、陳嘉佑、林翼中、林雲陔、黃季陸、區芳浦、鄒魯、關素人、陳耀垣、崔廣秀、鄧青陽、李綺庵、詹菊似叩齊。

張之洞大拜謝恩摺

張之洞久歷兼圻，大拜之願未酬，每自嗟淹滯。丁未，協辦大學士瞿鴻禨被逐，獲補其缺。大有悲喜交集之概。其謝恩摺云：「伏念臣，早參清從，洊典方州。以章句之小儒，領荊襄之重鎮。滔滔江漢，曾無文武之威風；種種鬢毛，深愧鵷鸞之時彥。豈意綸恩渥渙，鼎席叨陪。群吏嘆為殊榮，愚臣知其非分。昔者向敏中之耐官職，黔契朝廷；范仲淹之拜參知，遠籌邊事。方昔賢而有愧，對隆遇以難酬。惟有傴僂滋恭，經營匪懈。江湖魏闕，交縈報國之憂誠；舊學新知，勉劑（濟）救時之良策。」遲暮之感，欣慰之情，字裡行間，一齊湧現。感激涕零，乃非泛語矣。聞之洞於此摺，命幕僚中之名手數人，加意起草，而又自行修正數處。蓋字字推敲，面面俱到之作也。

昔彭玉麟謝補兵部尚書恩摺有云：「前年仰慕皇太后、皇上殊恩，厚予京察。至今惶悚，寢饋未安。乃忽被非常寵命，無已有加。愧悚彌深，震驚莫措。伏思我皇上用捨黜陟，自有權衡。或以臣補授兵部侍郎在金陵未復以前，至今已念有餘載；資格應與考績之列。或以臣辭兵部侍郎，奉巡閱長江之命，至今又十有餘載；敘勞似可在升擢之中。此自是朝廷論官授職之宜，至公無私。」亦是自道資勞之意。然斤斤較量之跡太顯，遠遜張摺之蘊藉周匝矣。之洞五月授協揆，六月即晉正揆，則極速。以大學士王文韶亦適已予告也。

滿清以龍旗為國旗

清以龍旗為國旗，既隨清祚而告終。民國六年，北京復辟之變，突為極短時間之出現。近自日人攘我東陲，又有在瀋陽秘製龍旗之事，似即將助遜清在彼復辟者。日來此訊漸消沉；或日人已變計歟？考清之國旗。同治之前，固無此物。同治元年六月，兩江總督曾國藩覆恭王訢書有云：「各處兵船仿外國豎立旗號之例，概用黃色龍旗。使彼一望即知，不敢妄動。誠可省無數事端；且於行軍並無窒礙。擬即諮商各處，所有各營旗幟，照常豎立外，每船另添龍旗一面。其龍旗尺寸及繪畫式樣，俟與各處商定，再行諮請貴衙門按即總理衙門核奪。」此蓋清有國旗之濫觴。始用之於兵船，後乃採用為國旗耳。

光緒二十一年，國恥之《馬關條約》成，割臺灣與日，臺人宣告自主，建民主國以拒之。製藍底黃虎文之國旗，以清之國旗為黃地藍龍文之故。並定為虎首內向，均所以表示仍戴中國之宗旨。清已棄臺，臺猶不忘中國如是。屈於暴力，卒為日有，至可悲慨。而劉永福之力戰，頗膾炙人口焉。臺灣雖亡，此藍地黃虎文之國旗，至今猶凜凜有生氣。且亦中國改建民主國之先聲也。

二十六年，兩后挾光緒帝出奔，過貫市。據王小航《方家園紀事》云：「貫市非大道。（其地有）李家，為北京一帶鏢行頭領，富而俠。迎請駐蹕其家，任糧芻捍衛。壬寅余遇其保鏢之武士於湯山店中，言皇上至李家時，尚身著藍布衫，亦奇觀也。李家鏢車，高插黃龍旗，云是太后所賞。是時國內商民尚無插國旗之例，以為異數。」顛沛道路之西后，乃以賞用龍旗為旌異之典，亦關於前清國旗之一段軼聞。

安維峻奏請銷毀《新學偽經考》

中日戰後，乙未，訂《馬關條約》。創深痛巨，而國人昧於世事，於此重大之國耻，猶多未甚措意。康有為時名祖詒以癸巳舉人，是年入都會試。值和議甫成，乃上萬言書力陳變法之不可緩。並謂宜乘國恥方新之際，下哀痛之詔，作士民之氣。光緒帝覽而動容，此為有為獲承帝眷之始基，亦戊戌變法與夫政變及黨禍之張本也。而前此一年，有為已有一文字獄，幸得解免。

甲午，御史安維峻奏請毀禁《新學偽經考》。謂「康祖詒以詭辨之才，肆狂瞽之談，以六經皆新莽時劉歆所偽撰。著有《新學偽經考》一書，刊行海內。騰其簧鼓，煽惑後進，號召生徒。以致浮薄之士，靡然向風，從遊甚眾。康祖詒自號長素，以為長於素王。而其徒亦遂各以超回軼賜為號」。又謂「六經訓詞深厚，道理完醇，劉歆之文章具在《漢書》，非但不能竄取，而實無一語近似。康祖詒乃逞其狂吠，僭號長素；且力翻成案，以痛詆前人。似此荒謬絕倫，誠聖賢之蟊賊，古今之巨蠹也。昔太公戮華士，孔子誅少正卯，皆以其言偽而辯，行僻而堅。故等諸檮杌、渾敦之族。今康祖詒之非聖無法，惑世誣民，較之華士、少正卯，有過之無不及也。」末謂「相應請旨，飭下廣東督撫臣，行令將其所刊《新學偽經考》立即銷毀。並曉諭各書院生徒，及各屬士子，返歧趨而歸正路。毋再為康祖詒所惑。至康祖詒離經畔道，應如何懲辦之處，恭候聖裁。」著語甚重，蓋不獨欲火其書，且欲誅其人也。事下兩廣總督查覆。粵督李瀚章覆奏，頗為湔雪。末謂「揆諸立言之體，未免乖違；原其好學之心，尚非離畔。其書於經義無所發明，學人弗尚，坊肆不鬻。即其自課生徒，亦皆專攻舉業，並不以是相授受。雖刊不行，將自澌滅。似不至惑世誣民，傷壞士習。惟本非有用之書，既被參奏，奉旨飭查，自未便聽其留存。臣已札行地方官，諭令自行銷毀，以免物議。至該舉人，意在尊崇孔子，似不能責以非聖無法。擬請無庸置議。」關於長素及超回軼賜之號，則謂「其以長素自號，蓋取顏延年文弱不好弄，長實素心之意。非謂長於素王。其徒亦無超回軼賜等號。」疏入，報聞。一場文字獄，遂僅以令其自行銷毀了事。寄諭中本有「革辦」字樣，使瀚章徇原參而為之詞，即從輕發，其舉人亦當褫革矣。明年遂成進士，官部曹。

而維峻則先於甲午十二月以誅李鴻章革職遣戍矣。維峻劾鴻章疏，以「皇太后既歸政皇上矣。若猶遇事牽制，將何以上對祖宗，下對天下臣民。至李蓮英是何人斯，敢干預政事乎？如果屬實，律以祖宗法制，李蓮英豈可復容」數語，最為人所傳誦。而疏中實多可笑語。如言「鴻章接濟倭賊煤米軍火，日夜望倭賊之來，」其子經芳「為倭賊之婿，以張邦昌自命」之類，是雖獲咎，而清望直聲大著。蓋當時多數士大夫之見解均如斯，而維峻為其代表，抗疏直言也。鴻章之被詈為秦檜，經芳之誣為日本駙馬，固已眾口一詞矣。伶人楊三之死，至有「楊三已死無蘇丑；李二先生是漢奸」之聯語，亦所謂清議也。宣統時起用廢員，授維峻內閣侍讀。

瀚章奉寄諭後，命准補電白知縣李滋然「迅赴坊間，調取康祖詒《新學偽經考》一書，有無離經畔道等情，詳悉查核，分別簽明稟覆，以憑革辦。」滋然稟覆，略謂「遵即親赴書坊，調取《新學偽經考》一書，詳加查核。此書大旨以尊崇孔子，攻詰劉歆增竄六經為主，自命為二千年來未有之卓識。全書援據之博，讎校之精，深思銳入，洵可稱堅苦卓絕。但自信過深，偏見遂執。有不合己意者，則妄加竄改。有不便竄改者，反誣為古人所竄入。深文剖擊，不遺餘力。豈足為定論乎！今就全書詳加校閱，有不可據者十條，簽帖原文，恭呈大鑒。其立論雖主詆漢儒，其大旨猶為尊孔子。若律以離經畔道，則全書並無實證。伏讀聖朝功令。文人著書立說，其有詆毀程、朱，顯違御案者，則應亟行毀板，不可聽其刊行。如毛奇齡《四書攻錯》之類是也。若漢魏諸儒，門戶是非，從古水火；今文古文，排擊聚訟。自漢迄今，實難僂指。國朝閻若璩《古文尚書疏證》，王鳴盛《尚書後案》，孫星衍《尚書今古文注疏》，魏源《書古微》皆攻《古文尚書》之偽。劉逢祿之《左氏春秋考證》，萬斯大之《春秋隨筆》，攻左氏之偽者也。魏源之《詩古微》，攻毛詩之偽者也。諸書皆經儒臣先後奏請或收入《欽定四庫全書》，或採入正續《皇清經解》。雖提要所標詳，不無疵議；而聖朝寬大，類皆糾其誤而存其書。該舉人《偽經考》不過就各家成說，折衷己意而推闡之。細考全篇，罅漏實多。雖自命甚高，而著論無堅仆不破之才，立說鮮灝博周匝之筆。故刊板已行，而信之者少。若遽目以非聖無法，惑世誣民。不特該舉人罪不至此，即取全書之詞義以觀，亦斷不能到言偽而辯，行僻而堅之一境。即其書具存，亦不過一二門徒，互相標榜而已。至謂其能煽惑後進，靡然向風。如是書之前後乖違，自相矛盾，尚未有此學力也。至該舉人以長素為字，已自童年。因其行一，故為長。粵中士人久知之。蓋取《文選‧陶徵士誄》：『長實素心』之語，非謂長於素王也。又遍查全書錄稱門人姓字者不一，實無超回軼賜等語，確係外間詆毀嘩笑之言。謹據見聞所及，詳為述呈。可否免予銷毀之處？恭候憲裁。」瀚章覆奏，大致即根據是稟。惟然滋請免予銷毀，而瀚章則令其自行銷毀；且以坊肆不鬻為說。蓋為應付原參者計，免其怒而再爭耳。有為戊戌後棄長素之字不用，改字更生。民國六年復辟失敗，獲免，更以更甡自號。

滋然，四川長壽人。王闓運弟子，戊子舉人。己丑連捷成進士，以即用知縣分廣東。歷官電白、曲江、揭陽、順德四縣。在順德以辦學不力，為粵督岑春煊奏參革職。駐日使臣李家駒調充隨員，旋獲起用，賞縣丞。值遜帝典學，進呈所著書——《群經綱紀考》、《四書朱子集注古義箋》、《周禮古學考》、《四庫全書書目表》四種。得旨褒嘉，賞主事銜，以學部小京官用。鼎革後，祝發，自號采薇僧。當其己丑分發至粵，是年恩科鄉試，即充同考官。文衡之掌，在新進士中可云最速。蓋雖鼎甲，亦均難如即用知縣之能遽掌文衡也。庶常最速，須俟留館。主事、中書須俟補缺，始能考差。李家駒、梁啟超均滋然是年所得士。啟超獲雋後，聞有為之學說而慕之。乃執贄列門牆。時有為猶諸生耳。李寶嘉小說《文明小史》以「顏軼回」影射啟超，即由超回軼賜之風說而來。

朱淇及清末訖民國二十年北京報界概況

北平資格最老之新聞記者朱季箴（淇），原字菉生，為南海朱九江（次琦）之猶子。幼從受業，與康長素、梁保三（士詒之父）等共几硯。興中會之初立，嘗加入為會員，旋即離粵。其至山東時，正德人據膠澳之後。青島一隅，為國人所注意。遂在青島創辦《膠州日報》。此為朱氏置身報界之始。

有曹倜字遠謨者，山東老吏。歷任平度、濰縣、長山等州縣。庚子後，與朱氏訂交，時資助之。旋為之向上遊延譽。尚其時為山東布政使，頗有開通之名。與朱一見傾心。因定在北京開設報館之議，與曹合集股本數千金交朱氏。朱氏仍將子女暫託青島教堂照料，隻身北上。尚為漢軍旗人尚可喜之後人（其在魯藩任丁憂舉殯，猶有平南王之銜牌）。與朝貴素通聲氣。朱既入京，以尚之介紹，分謁各要津，謀開設報館之便利。所經營之《北京報》於是出現矣。時猶假德商名義，所以避官廳干涉，而言論可較自由也。

庚子以前，北京除登載宮門鈔諭摺之黃皮京報外，無所謂報紙。其間惟有強學會機關之《中外公報》曇花一現，執筆者為梁任公。梁於民國元年在北京報界歡迎會席上述其經過，有云：

「乙未強學會在後孫公園設立會所，以辦報事委之鄙人。當時固無自購機器之力，且都中亦從不聞有此物。乃向售《京報》處託用粗木板雕印，日出一張，名曰《中外公報》。只有論說一篇，別無記事。鄙人則日日執筆為一數百字之短文。當時安敢望有人購閱，乃託售《京報》人隨宮門鈔分送諸官宅。酬以薪金，乃肯代送。辦理月餘，居然每日發出三千張內外。然謠諑已蜂起，送至各家，門者輒怒之以目。馴至送報人懼禍，即懸重賞，亦不肯代送矣。」北京有近代式之報紙，斯其嚆矢也。

庚子後，俄人在京設《遠東報》，日人亦設《順天時報》，皆所謂外交機關報也。辛丑條約既成，都人士以賠款奇重，國將不堪。於是有愛國捐之提倡。所謂白話報者，應時勢之需要，接踵而起。彭翼仲（詒孫）主辦之《京話日報》，其最著者也。彭氏自傳有云：「甲辰創辦《京話日報》，初出版時，風氣未開，閱報者少，群呼之為洋報。冷嘲熱罵，無所不至。街設報牌，屢被拆毀。」蓋《京話日報》之初設，一般商民，對於譏呵舊俗，提倡新知之白話報，猶多視為怪物也。同時，杭辛齋（慎修）主辦之《中華報》，文言體裁，日出一冊，外觀如《政府公報》然。亦頗為時所重。未幾，彭、杭以迕政府被逮，兩報俱被封。而丁寶臣之《正宗愛國報》，蕭益三之《京都日報》，樂綬卿之《公益報》，張展雲之《北京女報》等相繼出版，皆白話報也。俄人之《遠東報》，未久即停刊。其時之文言報，為朱氏之《北京報》，汪穰卿康年之《京報》，日人之《順天時報》共三家。

北京報紙以有政治關係著稱者，自《京報》始。瞿鴻禨在軍機，汪其門下士。《京報》有瞿氏機關報之目焉。惲毓鼎參瞿摺所謂暗通報館，即指《京報》而言。《北京報》出版後，朱聲望漸隆。遂以廩生充商部官報總辦。商部尚書載振，以楊翠喜事被劾。《京報》攻擊奕劻父子甚力，而《北京報》則為之辯解。兩報之筆戰熾然一時。載振去位後，朱氏之官報總辦仍蟬聯，以迄鼎革。

丁未，《京報》用瞿氏參案停止後，北京華人所辦之文言報，俗稱大報。僅有《北京報》一家，旋即改名為《北京日報》。次年始有《中央日報》、《大同日報》相繼開辦。未久即合並為《中央大同日報》。既而，黎埜甫（宗岳）之《國報》亦出版。北京報界漸不落莫矣。朱氏之報社先設於琉璃廠西門，旋遷舊刑部街，即今村治月刊社地址。宣統間復遷鎮江胡同，自辦印刷。規模宏廓，為他報所不及。當遷至舊刑部街時，以琉璃廠西門舊址為發行所。後發行所又遷李鐵拐斜街。

北京報界之有公共團體，自戊申年始。各報因政府頒行《報律》，與官廳交涉事繁，遂開會於賓宴茶樓，組織北京公會，舉朱氏為會長，《中央大同日報》之康甲丞（士鐸）副之。遇有報界公共之事，由報界公會代表與官廳接洽。辛亥，滬、漢、粵等處報館，因注意資政院常會，多遣記者來京。既與北京同業會晤，乃共組團體，名曰「全國報界聯合會」，亦朱康二人主會事。會甫成而武昌起義，舉國震動。各記者紛紛出京，遂無形停止。

己酉秋間，《中央大同日報》及《國報》因登載日人對安奉鐵路自由行動問題，攻擊外交當局，外務部謂妨礙外交，請政府封禁。一時北京之文言報，又僅餘《北京日報》一家。庚戌、辛亥間陸續出版者頗夥。有《帝國日報》，陸詠沂（鴻逵）主辦。《帝京新聞》，康甲丞主辦。《京津時報》，雷繼星（奮）主辦。《憲報》，孟庸生（昭常）主辦。《中國報》，葉岵生主辦。《公論實報》，沈實甫（乃誠）主辦。《國風日報》，景梅九（定成）主辦。《國光新聞》，田梓琴（桐）主辦。《國民公報》，徐佛蘇主辦等，家張一幟，人鳴一喙。北京報界，頓形喧闐。此清廷籌備所謂庶政公諸輿論應有之點綴也。

朱氏辦報，向持穩健主義，重要新聞及評論，均親手裁定，始行發稿。每自撰論文，即署朱淇二字。其文不尚辭藻，以質直明快見長，別具一種風格，頗為讀者歡迎。嘗聘某有名記者為主筆。於某項外交問題著一長篇論文，分登數日。已登一二日矣，朱氏察其似有作用。即就其餘稿改為反面之言論，仍用某記者之署名登出。某記者因之不辭而去。其精核類如此。

英文《北京日報》，亦宣統年間朱氏所創辦。為外務部機關聘李心靈為主筆。未久即停刊。

袁世凱在北洋及軍機外務部時，朱與有舊。及袁為總統後，朱氏持不即不離之態度。雖仍維持夙誼，而不與之發生深密關係。洪憲改元，北京各報均承命大署洪憲元年。而《北京日報》則署丙辰，而另以最小之鉛字嵌洪憲字樣於報中。驟視殆不可辨。官廳以其為元首故人，亦弗苛責也。袁氏既死，一般與之有舊者，多辟之若浼。朱氏則親至懷仁堂致祭；並有輓詞一聯，懸之祭堂。說者頗稱其古道云。

自入民國，二十年來，北京以至北平報界，變化甚繁。老宿若朱氏，實為晨星碩果。朱氏飽閱滄桑，年逾古稀，近歲態度消極，非復當年豪氣。其所經營二、三十年之《北京日報》，聞亦出讓於人。日前遂病卒北平，長為中國報界歷史上之人物矣。

裕長不願升將軍

庚子春間，河南巡撫裕長，擢盛京將軍，意弗善也。入京請訓，時司道諸官送別，裕長曰：「吾甚樂與諸君共事。此小別耳，不久即再相聚也。」抵京後，果令仍任豫撫；是年冬罷。而另簡增祺為盛京將軍。裕長欣然回豫。語諸官曰：「何如？今又相聚矣。」眾皆驚其運動之神。以巡撫遷將軍係升官，不料其能去取如意也。旗員文武兼用，而巡撫升將軍或都統者，多以為明升暗降；以督撫勢成積重也。後錫良由豫撫遷熱河都統，亦甚不怡。

義和拳之事起，西后率諸臣以奉拳，裕長兄直隸總督裕祿，亦承後旨優遇大師兄，迎拜黃連聖母。風聲所樹，豫省士民多嘩然欲仇外。義和拳雖未在豫舉事，而大師兄亦有至豫者。開封有外國傳教師某。或勸裕長殺之，以順朝意而徇民望。裕長集司道會議，多謂不可孟浪。遂定議遣之出境，而令洋務處會辦候補道馮光元伴送。實猶押解也。迨光元回省銷差，攜呈傳教師致巡撫函，謝光元沿途招待之周至。於是光元大為清議所不容，群呼為二毛子，爭欲得而甘心。光元杜門多日，以辟眾怒。未幾，外兵入京，政局一變。西后復率諸臣以媚外。傳教師之一封書，適為光元能與外人親善之鐵證。因之而獲簡授河北道，亦所謂富貴逼人矣。此可與《官場現形記》中海州州判及翻譯求外國提督作薦書，邀兩江總督賞拔事參觀。惟《現形記》所寫，事同兒戲，僅供一噱。此則當時事實耳。

戊戌四軍機章京之死及株連

光緒帝戊戌變法，以內閣候補侍讀楊銳，刑部候補主事劉光第，內閣候補中書林旭，江蘇候補知府譚嗣同為軍機章京，均賞四品卿銜，命參預新政。召對頻數，事寄甚重。蓋不慊於軍機諸大臣，而不便驟行易置，故擢用四卿以奪其權。四卿以得君之專，隱若宰輔。諸大臣雖惡之，而震於帝英銳之氣，方惴慄自危，弗敢與四卿迕也。

四卿中同、旭均康有為弟子，意氣尤甚。一日，旭草一諭旨畢，授滿領班章京繼昌，屬遣人謄寫。繼昌謂章京擬旨，例均自繕，無人代書也。旭怒曰：「既無人代書，汝可為我書之。」繼昌亦怒曰：「我豈能為汝代書！仍當由汝自書。」旭厲聲曰：「今日非令汝代書不可！」繼昌亦以厲聲報之曰：「無論如何，我決無為汝代書之理。汝未免欺人太甚矣！」時繼昌實官卿列，為小軍機領袖，不肯為新進所屈也。兩人哄爭莫解。繼昌乃曰：「汝敢同我回堂否？」旭曰：「回堂便回堂，我豈懼哉！」遂偕見軍機大臣，面陳其事，請裁示。繼昌自忖己直而旭曲，大臣必助我而抑旭。而諸大臣殊不敢為左右袒，相顧良久，始由裕祿以調人面目謂繼昌曰：「老哥是本處老手，公事既熟，書法又好；暾谷到處未久，所以要仰仗老哥。此件是緊要諭旨，理當鄭重，還是請老哥偏勞，替他寫一次罷。」繼昌重違大臣之命，乃含憤書之。退值後，語人曰：「今日乃為後生小子所辱。不能幹了，不能幹了。」然亦未辭職也。（後官藩司。）

政變起，帝被囚。嗣同至旭寓，意態甚激昂。謂「我輩之頭顱可斷，中國之法不可不變也」。旋謂「吾素善日使館中人，君如欲行，當為紹介至日使館，蘄其保護出險。」旭曰：「君如何？」嗣同泫然曰：「天下豈有無父之國乎？吾決死此矣。」旭亦不肯行。遂均被逮。又嘗聞人言，嗣同先以行止謀之於其友曾某，（官某部員外郎，其名失憶待考。）曾曰：「君逃固善，惟今上能偕逃乎？」曰：「不能也。」曾又曰：「老伯指同父繼洵能偕逃乎？」曰：「亦不能也。吾知所以自處也。」留京之意遂決。六君子遇害之日，曾聞菜市口將殺人，慮嗣同不免，亟往觀。嗣同瞥見之，以目示意告別。曾歸而大慟，謂復生之死，實我殺之也。遂仰藥而死云。旭常為榮祿幕客。被逮後，其岳翁沈瑜慶擬謁榮祿營救，未果。楊深秀官御史，雖屢上封事，而視四卿之邀特擢，贊密勿者有間，康廣仁因其兄之關係，又當別論。乃亦同時遇害者，以垂簾詔下後，特疏詰問，請即撤簾歸政。故西后必殺之也。可謂最有大無畏之精神者。

署禮部侍郎王錫蕃，以舉林旭得罪，（王嘗督閩學五年，林為所得士。）革職，永不敘用。旋入李鴻章幕，李奉命赴魯會河督任道熔、巡撫張汝梅勘議河工，王隨往。迨任返開封，聘長大梁書院，李所薦也。辛丑，后帝回京，過汴。王以廢員迎鑾，樞臣中有為乞恩者；語未畢，帝遽叱之曰：「王錫蕃耶？彼尚有所希冀乎！」聲色俱厲。言者大沮。王聞之，始猶怪昔受帝特達之知，以少詹事超署卿貳，患難君臣，胡竟如是相待？繼乃知帝深悉后方恨戊戌黨人，恐其怒而加罪，故先佯怒峻拒，俾后不再發作耳。民國六年，王氏受代理大總統馮國璋之邀至京，為馮妻周夫人點主。與人話及此事，猶深感帝保全之德；而嘆后之暴戾特甚也。並謂戊戌政變後，對余之處分革職，猶以為未足，且加「永不敘用」字樣，亦足見其苛刻矣。甲辰赦免康、梁以外之戊戌黨人，王亦開復原銜，以鄉紳資格，在烟臺辦漁業公司。王為山東黃縣人。宣統間用福建同鄉官之請，開復原官，時詹事府已裁，遂補翰林院侍讀學士。以曲阜為孔子故里，宜設大學堂，條陳於當道。將有成議，王亦大致內定為監督，會鼎革而罷。入民國後，嘗為第二屆國會參議院議員。說者謂其言談舉止，猶不改玉堂風度云。未幾，卒，年六十餘。

五路財神

唐紹儀之議印藏條約，梁士詒為隨員之長，甚見倚任。比歸，督辦路政，所轄鐵路凡五，以士詒充提調。旋設郵傳部，紹儀為侍郎，復引士詒入部，授參議，後遷右丞。主鐵路局。仕膴權重，謗亦隨之，馴有五路財神之號。其受攻擊始此，後之大著財神之名亦以此為權輿焉。

載澤長度支部時，在政府中獨樹一幟。以集中財權為務，猶載濤之集中軍權也。盛宣懷希進用，厚結載澤，志在郵部。載澤以郵部為富有收入之機關，為擴張勢力計，遂言於載灃，召用宣懷，授郵部侍郎，宣懷既受事，即以裁抑鐵路局為第一著。沈雲沛以農工商部右丞署郵部侍郎，且晉署尚書，與宣懷旗鼓相當。蓋雲沛以奕劻為奧援，而宣懷則挾載澤之勢以敵雲沛。其勝負之判，決於尚書之誰屬。與雲沛之進退有密切關係者，首為士詒。士詒為雲沛真除尚書，即所以自救；而尚書一席，卒為宣懷所得。

自載灃監國後，北府（俗稱醇王府為北府，以地點言之也。新建之攝政王府未及成而鼎革。入民國後，曾就設國務院，即今北平市政府所在。）聲勢驟隆。太福晉（載灃生母）頗暗中干政。宣懷謀擢尚書，介府中管事人某通殷勤。士詒為雲沛劃策，亦留意斯途；且欲為特別設法。而宣懷捷足先登，兼有載澤之助。雲沛僅恃奕劻，遂相形見絀。宣懷擢尚書，雲沛乃授吏部侍郎。吏部昔稱六曹之長，而此時已成閒署，且行將裁撤矣。雲沛由絢爛而平淡，覺雞助之寡味，未幾即乞休。宣懷如願以償，意氣發抒，遂貫徹其主張。以李經方接收鐵路局，並徹查士詒歷年經手之五路款目，風行雷厲，不稍寬假。迨袁世凱入京組閣，士詒始恢復已失之勢力。且以葉恭綽承其衣鉢。交通系之名詞乃漸成立焉。民國四年有所謂五路參案。恭綽以交通次長兼鐵路局長，停職對簿。會帝制議起而解。雖前後五路不盡同，而兩事亦若遙遙相對也。（袁世凱謀進行帝制，恐士詒等不盡力，故先藉參案以脅之。）

澤、盛分據財政、交通，高掌遠蹠，實奕劻之勁敵。慶內閣成立，載澤輩力謀倒閣。其時諳於政情者，多謂繼奕劻為內閣總理大臣者，必載澤無疑。載澤既思組閣，則延攬當時有名流之目者以厚聲勢。如張謇、鄭孝胥等，載澤皆竭力羅致，預儲為新閣大臣之選。謇、孝胥以在野之身，均特蒙召對，載澤力也。張系健將孟昭常，在京辦一《憲報》，攻擊慶內閣失政最力。其言論頗見重一時。嗣以贊成鐵路國有政策，為清議所不滿。及川鄂事起，宣懷罷斥，《憲報》亦停刊。

載澤死後無以為殮

載澤府用浩繁。入民國後，生計日絀。其府中管事人某者，總持府中諸事。遇有用款，率尤其在外挪借。其實所借之款，多其歷年所侵蝕，而另使他人冒充借主，肆其盤剝。載澤雖知其弊混，而事不躬親，已成習慣，無如之何也。數年以來，凡府中一切地租憑照，及其他動產等項，概入某一人之手。近歲府用益形拮据。某以無利可圖，乃拒絕代為借款。今春載澤病故，幾至無以為殮。而某則匿不出面。喪葬各事，遂以無人負責，不能舉辦。某並嗾使各債權人日往府中索債。載澤生前曾以府產抵借數萬元，亦某所經手。至此，某亦令一舊日軍籍中人充認債權者，限期收房。當年烜赫一時之澤公，身後竟至不堪如斯。清貴族類是者蓋不少耳。

載澤有女年已及笄，自願鬻身葬父。事為熊希齡所聞，念及昔受載澤之知遇，（希齡之為東三省財政正監理官，及東三省鹽運使，均載澤所推薦。）親詣澤府，自認為之辦理身後諸事。一面言於官廳，將某傳押，以府產抵借之債，由熊擔任籌集，如期償還。一面發起澤公遺族維持會，就舊日曾受載澤知遇者，以會之名義，分別通知。希齡而外，會員有楊壽楠、楊士驄、榮厚、張芳等。凡承認墊款還債者九人。所有墊款，俟澤府變產後仍如數償之。中有聲明不受者，則歸入載澤遺族贍養之費云。

滿洲大僚，財權旁落

滿洲貴族大僚，委事於家僕，致財權旁落，夙為積習，固不惟載澤為然。如陳恒慶《歸里清談》云：「旗人作官，必聽門政指揮；其發財，亦賴門政。即罷官歸來，所有家私，統歸門政掌握。門政吞剝，富於主人。吾師嵩文恪故後，子尚幼，數年後，漸患貧。馮夢華偕諸同年為之清查，勒令門政獻出帳簿，一一稽核，計存二十萬金之產，不令門政管理，存案於順天府。交帳簿與如師母，按月由某當店某某票莊支用。母子賴以存活。至今府第及半畝園《鴻雪因緣》所載。猶巋然存也。」是亦滿洲大僚財權握於家僕之一例。雖旗人作官，不必皆如恒慶所云，然相類者，實不乏人，積習為之耳。（嵩文恪為嵩申，由翰林官至刑部尚書。為南河總督麟慶之孫，盛京將軍崇實之子，累世貴顯。麟慶督河致巨富，即著《鴻雪因緣》者。）

恒慶又云：「工部同僚有旗員長光甫，善謔。一日，同僚聚飲。端午橋本為旗員之錚錚者。數杯後，使酒罵座曰：『旗人作外官，一事不懂，一字不識。所有事件，皆請教於門政。門政即是爸爸。』長光甫肅然起立，向午帥曲一膝曰：『給老爺請安。老爺外放時，千萬將奴才帶去。』誠譃而虐矣。端方以諧語致慨於門丁用事之積習，而不虞長氏報以惡譃也。」

蒙古實業公司

蒙古親王阿穆爾靈圭僧格林沁之曾孫。在並時蒙王中頗負時望。庚戌，在京發起組蒙古實業公司，以金還、陸大坊董其事。租東單牌樓二條胡同翁同龢舊宅為公司辦事處。開成立會於德昌飯店。載澤、毓朗、盛宣懷皆蒞會演說，頗為時流所注目。然公司自成立後，初未有所興舉也。張謇、鄭孝胥以在實業界有聲，公司於其奉召來京之時，招待極殷。謇即寓公司中西院。入民國後，章炳麟、熊希齡諸要人初至京時，皆以公司為下榻之所焉。

阿穆爾靈圭遣陸大坊至奉天清理旗地，與張作霖迕，被執，幾死。會熊希齡居揆席，力任營救，派李壽金赴奉解釋，始獲釋回。而蒙古實業公司亦遂告終。

李鴻章一貫主和

甲午中日之戰，日人備戰已久，臨戰復持以決心。中國則李鴻章之治軍，志在取「猛虎在山」之勢，冀外侮因而不至；而不欲輕於一戰。加之廷臣掣肘，軍事設施不能如意。不敢主戰。曾國藩同治八年奏對，謂「海防是第一件大事，兵是必要練的。那怕一百年不開仗，也須練兵防備。兵雖練得好，卻不可先開釁。講和也要認真。二事不可偏廢，都要細心的辦。」對外軍事上之設備，固視之甚重；而主旨所在，仍以不輕言戰為得計。此種主張，曾、李蓋同揆也。同治十三年，日人構兵臺灣，交涉就緒後，鴻章籌議海防摺謂「使天下有志之士，無不明於洋務，庶練兵、製器、造船各事，可期逐漸精強。目前固須力保和局，即將來器精防固，亦不宜自我開釁。彼族或以萬分無禮相加，不得已而一應之耳。」即是此意。是年，日人侵擾臺灣，沈葆楨等率師渡臺，日人之氣已奪。而中國竟以償兵費銀五十萬兩靳罷兵。日軍凱旋，其軍官西鄉從道等，晉爵有差，亦一國耻。

中法之役，我軍奏諒山之捷，鴻章堅持和議。謂「見好便收，不宜再戰。戰敗而議和更難。」政府從之，安南遂為法有。其意以為非有完全戰勝之把握，寧含忍以謀和。其畏戰之精神，與中日之役不主戰，亦自一貫也。光緒八年，中日以朝鮮事齟齬。翰林院侍讀張佩綸疏請整軍圖日，下鴻章議。鴻章奏謂：「論理則我直彼曲，論勢則我大彼小。中國若果能精修武備，力圖自強，彼西方各國，方有所憚而不敢發，而況在日本。所慮者彼若預知我有東征之計，君臣上下，戮力齊心，聯絡西人，講求軍政，廣借洋債，多購船炮，與我爭一旦之命，究非上策。夫未有謀人之具，而先露謀人之形者，兵家所忌。此臣前奏所以有修其實而隱其聲之說也。」又謂：「日本步趨西洋，雖僅得形似，而所有船炮，略足與我相敵，若必跨海數千里與決勝負，制其死命，臣未敢謂確有把握。第東征之事不必有，東征之志不可無。中國添練水師，實不容一日稍緩。諭旨殷殷，以通盤籌劃責臣。臣竊謂此事規模較巨，必合樞臣、部臣、疆臣同心合謀，經營數年，方有成效。」其練兵籌防之宗旨，尤昭然可見。

惟中國之興建海軍，其目的自係對日。如光緒六年鴻章議覆梅啟照條陳摺有云：「日本國小民貧，虛憍喜事，長崎距中國口岸，不過三四日程。揆諸遠交近攻之義，日本狡然思逞，更甚於西洋諸國。今之所以謀創水師不遺餘力者，大半為制馭日本起見。」雖鴻章不主東征，而日人則處心積慮，積極備戰，必欲與中國決一雌雄。迨甲午而戰具已堪一用，乃向我挑釁。機一發而不可遏。鴻章雖欲委曲弭兵，不獨廷臣迫促，清議譴責，即日人亦斷不容我以不戰了事。於是倉卒應敵，而情見勢絀矣。

費行簡《慈禧傳信錄》有云：「甲申法越之役，我派兵籌防，亘二年始行宣戰，今五月朝亂作，七月即與日構兵，固由帝鮮閱歷，而鴻章專領北洋，平日惟自矜負，臨事一無布置。更信伍某說，謂俄人決不坐視日本攘朝。故其覆丁汝昌電謂：『日俄行失和，吾特令汝觀戰；非令汝作戰也。』汝昌遵主帥令，戒備益弛。日師遂出不意攻我。不浹月而海軍灰燼。鴻章初不引罪自責，第歸罪主戰者之非。然則北洋練兵何用？豈徒以壯觀瞻耶！」責鴻章頗嚴。平心論之，其時主戰派之領袖，即前此奏定不許海軍再增艦炮之人。因不慊於鴻章而誤國事，自不能謂無罪。而鴻章於陸海軍用人之失當，籌備之未精，臨戰之因循，亦實為取敗之道，不能盡諉之他人也。

光緒十七年，鴻章奉命偕張曜校閱海軍。覆奏詳述經營海軍之成績。謂「綜核海軍戰備，尚能日異月新。目前限於餉力，未能擴充。但就渤海門戶而論，已有深固不搖之勢，臣等忝膺疆寄，共佐海軍。臣鴻章職任北洋，尤責無旁貸。自經此次校閱之後，惟當益加申儆，以期日進精強。」中國海軍於光緒十四年成軍。定例三年校閱一次。此為第一次校閱。迨二十年春，復由鴻章偕定安為第二次之校閱。覆奏又盛稱技藝純熟，行陣整齊，及臺塢等工，一律堅固。（鴻章門人吳汝綸等為編奏議，此摺未收。殆以未幾即與日人戰而覆沒，故諱之。或亦關乎所謂義法歟？）兩次校閱，威儀甚盛。奏入均獲褒獎。在鴻章之意，以戰雖尚無把握，以守固深為可恃。光緒帝則以海軍成績既大有可觀，當日人之挑釁，何至不能一戰，而徒留為陳設品。乃允翁同龢輩之請而宣戰。實信賴鴻章所經營而日進精強之軍備耳。惟國與國戰，備戰乃全國之事，不宜專責諸鴻章一人。說者謂甲午之役，日本非與中國戰，乃與中國之北洋大臣戰。雖諧語，亦與事實為近。故後之論者，不忍苛責鴻章焉。八月二十日鴻章陳奏軍情摺，即有「以北洋一隅之地，搏倭人全國之師，自知不逮」之語，固已自言之矣。

戰既敗，同龢銜命至津詰問。其九月初二日日記有云：「入督署，見李鴻章，傳皇太后、皇上諭慰勉，即嚴責之。鴻章惶恐，引咎曰：『緩不濟急，寡不敵眾。此八字無可辭』。後責以水陸各軍敗衄情狀，則唯唯而已。余覆曰：『陪都重地，陵寢所在，設有震驚，奈何？』則對曰：『奉天兵實不足恃。又鞭長莫及，此事真無把握。』議論反復數百言，對如前。」鴻章可謂窘態可掬。苟備戰有素，何至緩不濟急，寡不敵眾。然是豈鴻章一人之咎乎？劉坤一、吳大澂等將烏合之眾以禦敵，無足論矣。

鴻章以主帥而喪師，一大辱也。以議和專使而訂創深痛巨之國恥條約，又一大辱也。而訂約之翌年使俄賀加冕，遂歷聘歐洲諸國。所至待以殊禮，譽望初不稍衰。則外論於中國此次之不幸，多為鴻章諒，而仍推為中國惟一之人物也。吳汝綸跋《五公尺牘》有云：「曾文正既殂，今相國合肥李公，獨膺艱巨，經營遠略，垂卅年。天下想聞其風采。及國兵挫於日本，中外歸過焉。盛衰有時，豈人力也哉！權勢既替，歷聘方外，周歷九萬里，所至，國君優禮過等。他國使臣，望塵不及。皆曰此東方畢士麻克也。畢士麻克者，德國名相也。西國人舊以李公配之，東西並峙焉。國兵新挫，而宿望故在。其是非之不同如此。中國詩書之說，春秋功罪之律，殆非海外殊方所與聞知也已。」汝綸師事曾、李，而於事功推服鴻章尤至。此文為鴻章鳴不平，筆致冷峭，有詼詭之趣。蓋學《史記》有得者。鴻章謝奉派出使恩摺末聯云：「阻重深於山海，未改叱馭邛坂之心；夢咫尺於闕廷，猶存生入玉關之望。」亦奏疏中名句。

李鴻章聘英德逸聞

相傳李鴻章聘德時，與畢士麻克談話，自矜其削平髮捻之功。畢士麻克譏其殺同種。鴻章為之失色。此甚有意致。然恐不可信。鴻章之訪畢士麻克於私邸，畢士麻克款接盡禮。鴻章亦執禮甚恭。賓主周旋，詞令不容唐突。鴻章於對日新敗之後，似不至強顏以伐內戰之績。畢士麻克為有名之外交家，更不至面斥嘉賓，使之難堪也。又相傳鴻章至英時，於英故將軍戈登之紀念碑下表敬意。戈登之遺族感激之，以極愛之犬為贈。此犬蓋於各地競犬會中得一等獎也。不意數日後得李氏謝柬云：「厚意投下，感激之至。惟是老夫耄矣，於飲食不能多進。所賜珍味，欣感得沾奇珍，朵頤有幸云云。」戈登遺族得之，大詫。報紙喧騰，傳為笑柄云。此亦屢見近人記載者。鴻章何至荒傖若此。蓋齊東野人之語耳。而此種傳說之產生，亦自有故。昔年曾見某英人遊記，蓋英國與中國交通未久時之作品。所述中國風俗習慣，多模糊支離語。中有云：「華人以死犬之肉為美饌。」或於中國某處偶見有食犬肉者，即下此溥泛之斷案，而華人食犬，當早為彼國一知半解之「中國通」所宣傳。鴻章至英，此輩既知其為戈登之華友，復聯想而及於犬為華人食品之說；以為此老必有同嗜。於是杜撰李鴻章軼聞事，亦附會而成此一段。迨傳至我國，居然亦有盲從而樂道者。是誠笑柄已。

周馥受知於李鴻章

周馥起家寒士，官至兼圻，其間從李鴻章最久。遇合之始，則在咸豐十一年。時曾國藩以欽差大臣兩江總督駐安慶，置木匭於營門外，許軍民人等投書言事。周有友人欲投書，倩周代作文字。書入，為曾所賞。批曰：「今之祖生。」李氏在曾幕，尤嘆異。嗣知為周作，因招致為己佐，分薪水資以給之。蓋李料已當出而獨當一面，故預儲人才也。翌年，遂以幕僚隨往江蘇矣。

周氏晚年〈感懷平生師友三十五律〉首及曾、李。其〈懷曾文正公〉云：「誰數中興第一功，詩書禮樂出元戎。人從陰曀瞻山鬥；我正漂搖困雨風。何幸鳩安逃小劫，竟叨鶚薦錄愚忠。（余曾沐公一薦。余家自公復安慶後，始免流離之苦。）元戎門館曾遊宴，淒愴山陽一夢中。（公哲嗣劼剛通侯與余交，惜中年而歿。）」〈懷李文忠公〉云：「吐握餘風久不傳，窮途何意得公憐。（咸豐十一年冬，公見余文字，謬稱許，因延入幕。）偏裨驥尾三千士，（余從公征吳三年，公剿捻時，余留寧辦善後。旋調直隸，保擢津海關道，例兼北洋行營翼長，復與諸軍聯絡。）風雨龍門四十年。報國恨無前箸效，（余屢陳海防策，公以部不發款，樞不主持，未能施舉。甲午之役，樞臣竟請旨宣戰，責成北洋防剿。）臨終猶憶淚珠懸。（時公奉旨與慶親王為議和全權大臣。公獨任其難。光緒二十七年秋，議和事尚未全畢，兩宮回鑾，各國兵尚未退。公臨終時，兩目炯炯不瞑，余撫之曰：「未了事我輩可了。請公放心去，」目乃瞑，猶流涕，口動欲語。可傷也。）山陽痛後侯芭老，翹首中興望後賢。」知己之感，於李尤深也。

至建議海防事，其〈書戴孝侯死事傳〉云：「予嘗聞諸李文忠曰：『北洋有鐵甲二，快船四，魚雷艇六，其餘練船、運船稱是。皆舊制。炮壘有旅順、大連灣、威海各臺，共十餘座。工皆未備。較各強國乃具體而微耳。』醇賢親王薨後，已難議擴充海防矣。而部方議裁減，令三年內不准購買軍械一物，倘一旦海上有事，將如之何？應趁此時痛陳利害，使上知之。允則可稍望添費；不允亦披露心跡，使後人知此中艱窘也。文忠曰：『我思之熟矣。奏上，必奉旨交部議。非駁，即泛應而已。奏何益！』予曰：『外海亟矣！倘皇上一旦憤然發令宣戰，何可及也。』文忠曰：『料無人敢奉此詔。』予曰：『若上請太后主持，必出於戰，安敢不奉詔。』文忠曰：『天下者，祖宗之天下，非太后、皇上一人之天下也。國家大器，豈敢輕於一擲乎！』予自是不敢復有所言。迨日韓之釁起，日本擊我赴牙山之兵艦。予復力陳於文忠曰：『日本蓄謀久矣。北洋之力能抗彼一國耶？必籌足兵餉三年而與之持，或稍有濟。其要有四：一，勿與日本決裂。彼挑戰急，我寧忍受。得和且和。二，除原有勁旅整備外，宜速募兵三萬，駐直隸精練之。以待東發。仍速招三萬以為續備。三，斯役用淮軍居多。兩淮宿將，今惟劉省三爵撫在，宜急起用。四，水陸宜節節速籌轉運。奏請重借國債應之。待四事備齊，將逾年矣。日人如必不和，則出師扼鴨綠江以待之。』文忠曰：『我安忍使國家負重債耶！且劉省三不願出，我亦不強其出。有人舉爾為副帥者，我欲派爾總理前敵營務。可乎？』予曰：『是必敗，中堂一生勳業從此墮矣。當思曲終雅奏。』文忠怫然，予遂辭不往。數日，當軸請上宣戰。文忠無如之何。予自是時共生死矣。遂奉奏派總理前敵營務處之札，出山海關……嗚呼！大事蹉跌至此，何堪回首。光緒二十五年，予奉旨晉謁文忠賢良寺中。偶談及前事，並述當日請陳海防利害之奏。文忠猶嘆息泣下，而傷時事之多艱，同志之少也。」此有關中日戰役之史料。李氏當時態度，尤可概見。日人處心積慮，以圖一逞；而李意猶堅以為中國決不至與日本戰也。迨戰事竟不得免，乃倉卒應之。備戰之疏，亦取敗之道已。

李鴻章程學啟殺降

李鴻章、程學啟殺蘇州降將，事功雖成，而世多遺議。以乖信悖德也。周氏[9]在李幕見聞頗悉。其《負喧閒語》述此云：「同治二年，李文忠撫蘇，攻蘇州城外賊壘殆盡。賊懼欲降，提督鄭一峰國魁偵知之，單騎入城喻賊。賊酋曰：『非不降也，疑懼未敢發耳。』鄭邀酋至城外山上，指天誓以不死。酋允諾。時程方忠學啟總統前敵各軍，聞之，復自率數騎入城喻之。各酋留

9 周氏即前篇所言之周馥。

宴。酒半酣，適有賊卒來言：『程大人隨兵有取我矛者。』方忠聞之，鞭其隨兵謝焉。降期已定，酋先約獻半城。自某街以北歸官軍，某街以南暫歸降卒。並求立十營，以降酋為營官。程皆許之。程歸出城，馬上細思：一矛得失極細事，乃靳不予。此賊降後，安可制耶？密稟李文忠曰：『賊降後，必盡殺之，遣散其眾。』文忠曰：『殺降大罪也。』方忠曰：『非如此辦，我行矣。』文忠不得已，許之。降之日，文忠駐方忠營中。大酋九人來謁，賞頂帽、酒食。方忠密遣人持銜版稟曰：『戈登請帥往議事。』戈登者，英國人，時練華兵助文忠剿賊者也。文忠行甫出營門，方忠鳴炮一聲，兵弁將九酋及從者數十人全戮之。時鄭一峰在他棚酣飲，聞聲出而阻之，已不及矣。一峰欲責備方忠，而方忠已他往。嗣是一峰與方忠不睦。逾年，方忠攻嘉興戰歿，謚忠烈。勇敢善戰，多智略，為平吳戰將第一。後三十年，余侍李文忠濟南旅館夜坐。偶談及前事，文忠尚以為歉。余曰：『方忠勇決誠不可及，然投降者許以不死，而復殺之，似傷天理，失大信。降酋何至復叛。當時似欠處置之方耳。』文忠頗是余言。」所述有為諸家記載所未及者。可與薛福成、吳汝綸等所記參看。濟南夜坐，指李氏光緒二十四年奉命赴魯籌議黃河工程時，周經奏調與其役也。蓋李氏晚年於殺降之事，猶內疚於心焉。《閒語》又云：「昔提督曹藎臣克忠，在甘肅督兵剿回時，回勢已蹙，求降。曹許之。曹曰：『我許彼降，彼防守必懈。』夜出兵大擊之。此與韓信破齊同術。曹剿回頗有功，而時人有以此事為非者。」事亦與殺降為近。

不失民心

張樹聲與周氏談話一則。《閒語》述之云：「凡處事識量要遠。憶四十餘年前，友人張靖達督兵攻常州時，謂余曰：『此職不可久居也。天地好生，而用兵之道在殺。人道宜和，而用兵之道在爭。』余曰：『公欲滅此賊，不殺而爭，將如之何？賊滅則好生之德可保矣。』靖達曰：『我見有饑婦依兵乞食者，有難民附賊而偷生者。殺之殊不忍』余曰：『此自有處法。不可不殺；不可盡殺。總之，平賊而不失民心為主。孔子忠恕之道，一以貫之。寧有兵事隔閡而不能貫耶？』靖達聞之，大笑首肯。」時戰禍正熾，人命若草芥。統兵者亦不免惻然動念。周氏「不失民心」一語，自是統兵者良箴，無間今昔。

談岑春煊

岑春煊近卒於上海。其人亦一代英物也。以父毓英恤典，由郎中賞五品京堂，起家門蔭，累官兼圻，於清季疆臣，嶄然露頭角。庸鐵之中，無愧錚佼焉。少年為貴公子，尚有紈絝之風。湯用彬《新談往》云：「春煊少跅弛，自負門第才望，不可一世。黃金結客，車馬迎門，宴如也。以狎優之暇，識何威風；間接識張鳴岐。鳴岐後來事業，俱發軔於韓譚之間，而世人不知也。」又云。「光緒中葉，京師有三惡少之稱。三惡少者，岑春煊、瑞徵、勞子喬也。春煊夙根較深，反正亦早。少年時代之岑西林蓋如是。」

戊戌，光緒帝變法圖強，甄擢臣僚。春煊受知遇，以裁缺太僕寺少卿而驟用為廣東布政使。庚子之役，以甘肅布政使率師勤王，護駕西行，遂邀西后特賞，遷任封疆。相傳其時春煊初擬助帝收回政權。或以孝治及利害之說動之，乃不敢發，而益自結於后。論者多病其不能見義勇為。然封疆重臣，統兵大將多戴后，帝則勢處孤危。舉事不慎，將有奇禍。春煊縱欲建非常之業，其力亦苦不足耳。

光緒末葉，慶王奕劻長樞機，為朝臣領袖。袁世凱督畿輔，為疆吏領袖。並承后殊眷。二人深相結納，勢傾全國。而內則軍機大臣瞿鴻禨，外則兩廣總督岑春煊獨深不直之，顯樹異幟。雖勢力不逮，然亦差相頡頏，為所忌憚，以鴻禨、春煊簾眷亦隆也。丙午春，春煊在粵督任，稱病請開缺，冀內用。調雲貴不就，堅請入對。翌年（丁未）復使再督四川，仍不願往，遂北上。行抵漢口，電奏即日入京陛見。於三月抵京，未候朝命也。既召見，后慰勞甚至，勖其勿遽言退，並問所願。對曰；「如蒙准臣開缺養痾，自屬天恩高厚；倘不獲俞允，則留京授以閒散之職，亦深感鴻慈。」后因指帝而謂之曰：「我常同皇帝說，庚子年若無岑春煊，我母子焉有今日。你的事都好說，我總不虧負你。」於是授為郵傳部尚書。命下後，復召見，命即行到任。春煊曰：「臣未便到任視事。」問以故，曰：「以侍郎朱寶奎之惡劣，臣豈能與之共事乎！」因言寶奎劣跡。寶奎蓋夤緣慶、袁以進者也。后曰：「汝言當可信，俟到部後查明奏參，當加罷斥。」春煊曰：「此等人臣不能一日與之共事，必先去之，始可到任。」后曰：「吾非惜一朱寶奎，總須爾到部具摺奏參，乃有根據，以下上諭耳。」曰：「皇太后果以臣言為不誣，則臣今日面參，即可作為根據也。」后諾之。而寶奎即日罷斥矣。上諭云：「據岑春煊面奏，郵傳部左侍郎朱寶奎，聲名狼藉，操守平常，朱寶奎著革職。」侍郎於尚書為同官，非屬吏。而以未到任之尚書一言，而褫本部侍郎之職，著之諭旨，實故事所無。當時后於春煊眷遇之隆，足見一斑。

后知春煊與奕劻水火，欲調解之。因問以到京後曾否往謁奕劻？對曰：「未嘗。」后曰：

「爾等同受倚任，為朝廷辦事，宜和衷共濟，何不往謁一談。」曰：「彼處例索門包，臣無錢備此，縱有錢，亦不能作如此用也。」后亂以他語而罷。春煊屢為后言奕劻貪劣諸狀，蘄早斥逐，以澄清政地。后雖不能從，意蓋不能無動。奕劻自危。以瞿、岑互為聲援，亟與世凱謀去二人。於是，四月春煊奉旨再督兩廣。費行簡《慈禧傳信錄》云：「春煊覆奏桂撫林紹年清亮。后亦信之。世凱睹狀，知已亦將為岑黨所搖。適粵寇更作，乘入覲時為后言：『周馥臣姻家，知其人雖忠誠，而年已及耄。粵寇再起，而其地革命黨尤熕，恐非馥才力能制。臣過蒙慈眷，雖事非職掌，而不敢不聞。』后曰：『此爾愛國忱，吾方嘉之。如言知兵及威望，固莫如岑春煊。而慮其不願再任粵事，奈何？』世凱對：『君命猶天命，臣子寧敢自擇地！春煊渥蒙寵遇，尤不當為此。』后頷之。翌日命下。時春煊方將續疏論劻罪，而不虞己已外簡矣。知為劻黨所排，陛辭日，涕泣為后言：『朝列少正士，風氣日壞，國本可危。乞后省察。』后曰：『爾言直，非他人所敢出。吾行召林紹年矣。』……紹年果奉召入值軍機。」可備參考。惟林紹年由桂撫內召入軍機為前一年事。是年六月，即又出為豫撫。費氏殆誤記其出軍機之時為入軍機之時耳。五月，鴻禨放歸田里，政潮告一段落矣。

春煊辭不獲允。赴任，過滬稱病不前，冀有后命。至七月，知無望，將赴粵矣。忽奉旨開缺，仍慶、袁輩中傷也。《慈禧傳信錄》謂係江督端方所媒孽。其說云：「春煊方居滬上，聯絡報館，攻擊慶、袁無虛日。方乃以密書達樞廷，稱春煊近方與梁啟超接晤，有所規劃。以二人合拍影相附之。后覽相片無訛，默對至時許。嘆曰：『春煊亦通黨負我。天下事真弗可逆料矣！雖然，彼負我；我不負彼。可准其退休。』於是傳旨准春煊開缺調養。而相片實方以二人片合攝之以誣春煊，后不及知也。』說者謂岑、端亦結昆弟交，而方甘為世凱報復，心誠險矣。可廣異聞，未知其審也。罷岑之諭云：「岑春煊前因患病奏請開缺，迭經賞假。現期已滿，尚未奏報起程，自係該督病尚未痊。兩廣地方緊要，員缺未便久懸。岑春煊著即開缺調理，以示體恤。」與戊申世凱奉開缺養痾之諭，相映成趣，均以示體恤也。

聲討洪憲之役，春煊就兩廣都司令職。宣言有云：「春煊將言，先不能無大慚。使春煊而才者，袁世凱豈能篡滿清三百年之業，辛亥則既篡矣。又豈能叛民國四萬萬人之國，今茲則既叛矣。於彼著其為篡與叛之才；於此則著我無才以制此篡與叛者，乃使其竟篡且叛。」又云：「春煊不敢必此役之必勝，然而必有以答天下之督責，不負兩廣之委託者。惟有兩言：袁世凱生，我必死；袁世凱死，我則生耳。」特有一種口氣。以光緒末葉同為總督，袁、岑兩宮保本齊名也。宣言蓋都參謀梁啟超代草。

宋平子（恕）於光緒末葉談督撫優劣，謂陶子方、岑雲階果敢有風骨，第一等也。徐菊人、楊蓮甫雖無大作為；而和平寬大，亦尚不失為第二等。張香濤、袁慰庭均負盛名，然張皇欺飾，宜考最下。

春煊罷粵督後，僑寓滬上，頗以遊宴徵逐自遣。會後、帝逝世，上海道蔡乃煌上書責之。書云：「宮保大師鈞座：敬稟者，竊職道以塵冗糾紛，久疏趨謁；嶦帷伊邇，軫結為勞。伏承珍衛適宜，動靜多豫。閎祺碩望，允愜頌忱。昨遭兩宮大事，薄海震驚。方遏密夫八音，動哀思於兆姓。環球各國，唁電紛傳；使館輸誠，半旗志悼。亦足徵非常之變，無內無外，率土同悲。宮保世受國恩，遭茲巨痛。攀龍髯而莫及，悵鸞輅之已遐。自較尋常，尤深感愴。乃者，中西士商，紛騰口實。競謂宮保左右，不廢宴遊。夫少陵落拓，憑杯酒以說生平；小杜疏狂，對樗蒲而陳心事。才人寄興，無足深論。惟念我宮保生而忠愛，素具血誠。身在江湖，心依魏闕。必效陶公之運甓；忍師謝傅之圍棋。況國恤方新，人言可畏。上海為中外具瞻之地，宮保為蒼生屬望之人。伏望勉抑閒情，用資矜式。追溫公於東洛，資治成書；媲衛國於平泉，籌邊儲略。謹獻芻論，聊備鑒裁。肅稟，恭請鈞安！惟祈垂鑒。職道蔡乃煌謹稟。」詞婉而意甚峻厲。春煊為之愕眙不置。

費行簡《近代名人小傳》傳柯逢時有云：「遊匪事棘，移廣西巡撫。時岑春煊以桂人督兩粵治寇，兩省用吏，皆專決。侵撫臣權。逢時不能堪，聞春煊演劇，即以時置（值）用兵，宜禁戲劇。勒諸伶還。」二事可合看。蓋春煊少年餘習，猶未盡湔，致貽人口實耳。乃煌故黨於慶、袁者。其簡授上海道，或謂實承旨伺察春煊云。先是，張之洞之與袁世凱同內召入樞廷也，以世凱簾眷尤渥，方欲交歡之。一日為詩鐘之會。鬮題蛟斷四唱。乃煊句云：「射虎斬蛟三害去；房謀獨斷兩賢同。」房、杜指張、袁，虎、蛟則指瞿、岑。大為之洞所賞。後春煊等兩廣聲討洪憲，乃煊竟死於粵。雖其時乃煊有取死之勢，不得謂由春煊修怨。然相值亦巧矣。

章士釗與春煊有舊，其《孤桐雜記》述春煊事云：「唐韋宙除廣州節度。陛辭，上為言曰：『番禺珠翠之地，貪泉足戒。』粵人好賂，自古已然。西林言：粵人之賂，均明白致之，號曰公禮。與人計事，以不收公禮為無誠意。彼開藩時，為米案接商人稟詞，中夾票銀四十萬。駭而還之。繼詢知為公禮，與最常行賄有別。商人以是大戚，以藩臺無意助己也。而西林卒右商，與總督譚鍾麟互訐。清廷兩解之。彼得調往甘肅，米商遮之，不聽其行。自大堂以至東西轅門，皆為米包填咽，舉足不得。西林朝服出迎，長跪與眾商對話。稱朝命不可迕，重來有日，暫不必譟。商盡泣，知不收公禮而肯任事者，尚有人也。未數年，西林果督粵。」此言其清。又云：「西林曩為愚言：川有大盜某，屢捕屢釋，浸玩於法。而釋，每由良民切保，詞情懇摯，若不忍卻。彼督川時，下車即密令捕盜。捕得，而所謂良民之尾於後者且數里，隨奔督轅，切結環保。勢洶洶，不出盜，且變。西林遣使慰眾少待。立升大堂，鞫未數語，斬盜堂下。既，令懸首轅外。西林且出面眾，問民意安在？眾嘩駭，瞬無以對。忽涕泣不可仰，且跪且言：吾儕之累於盜也，至矣！歷憲畏事，無敢卒戮之者。捕時，民不立為之地，盜出且施酷罰。在勢，小民不得不保；保猶不得不力。今宮保毅然為吾川除害，此青天也。民感且不暇，而又何懟焉。且跪且言，涕泣不可仰。」此言其果。惟記得春煊後在兩廣總督任，始以剿平廣西匪亂功加太子少保，督川時宮保之稱嫌早。

庚子，春煊隨護兩宮西行，其督辦前路糧臺，據吳永所云，蓋永所推讓也。《庚子西狩叢談》（永口述，劉焜筆錄。）謂「永在懷來縣任迎駕，後奉旨辦理前路糧臺。……余念身無一文之餉，手無一旅之兵。來日方長，何堪受此纏擾。私計岑春煊現攜有餉銀五萬，略可任暫支應。且彼帶有步騎兵隊，彈壓亦較得力。觀其人似任俠有義氣，不如以督辦讓之，而吾為之會辦。相與協力從事，於公於私，均有裨益。然此情將以何法上達，得邀俞允。遂往見莊親王告之以故，請其挈予面奏。顧嘵聒許久，彼竟茫然不省，曰：『我記不起許多，這外官規矩，乃如此麻煩。我帶爾同往，爾自陳奏可也。』即攜余同入。至東大寺行宮，由內監通報。須與李監自角門出，低聲問曰：『此時尚須請起耶？』莊邸曰：『他有事面奏。』曰：『然則，我為爾通報。』須臾，叫起。太后立於佛殿正廊，皇上立於偏左。莊邸即前奏曰：『吳永有事陳奏。』即回顧曰：『你說。』余奏曰：『蒙恩派臣為行在前路糧臺，本應竭犬馬之勞。惟臣官僅知縣，向各省藩司行文催餉，於體制諸多不便。即發放官軍糧餉，布發文告，亦多為難之處。現有甘肅藩司岑春煊，率領馬步祈營隨駕北行，該藩司官職較崇，向各省行文催餉，係屬平行。可否仰懇明降諭旨，派岑春煊督辦糧臺，臣請改作會辦，所有行宮一切事務，臣即可專力伺候，不致有誤要差。』時太后方吸水烟，沉思良久曰：『爾這主意很好。』明晨即下旨意……晨起召見軍機，即降旨：派岑春煊督辦前路糧臺，吳永、俞啟元均著會辦前路糧臺。余方喜可以分卸重責，詎以此事大為軍機所不愜。是日駐蹕宣化所屬之雞鳴驛。王中堂呼余往見，即詬曰：『爾保岑三為督辦，亦須向我等商量，乃徑自陳奏耶！此人苗性尚未退淨，如何能幹此事！將來不知鬧出幾多笑話，爾自受累。爾引鬼入宅，以後任何糾結，萬勿向我央告，我決不問。』余聞語愕然。噫！少年魯莽，輕信寡慮，至以此開罪於軍機。不意以後沿途轇葛，及一生蹭蹬，乃均坐此一事。此亦命宮磨蝎，數有前定。本無所用其追悔。然掘坎自埋，由今回憶，可恨尤可笑也……岑一見余，即相詬曰：『謝爾厚意，乃以此破沙鍋向我頭上套，令我無辜受累。』其實彼固十分欣願，求之而不得者。只以出於余所保奏，似乎貶損身分。且恐向之市恩，故佯為不悅以示意。以後乃節節與我為難，不德而怨報之，洵始料所不及也。自共辦糧臺後，接觸漸多，意見日甚。彼自以官高，與余比肩並事，似覺不屑。又以督辦名義出余上，遇事專斷，不復相關白。凡有陳奏，皆用單銜獨上。王中堂謂體制不合，應以會銜為宜。彼執不可。王曰：『否則於牘尾敘明臣會同某某云云，夾入名字。』彼亦不允。曰：『再不然，惟有於奏後列銜，如京官九卿奏事體例。』岑始終持不可。中堂曾一日對余微笑曰：『我知道岑三必與爾搗亂，今果然矣。但爾自取之，於人無尤。我早已聲明，不能過問，恐以後笑話尚多也。』」其間情事，言之歷歷如繪。可供參考，廣異聞。永後屢為春煊所厄。釁怨頗深。《叢談》中於春煊每恨恨焉。春煊勇於任事，而學養未足，氣質不免近粗。

《石遺室詩話》記左文襄事有誤

陳衍《石遺室詩話》云：「前清同治間，恭親王長軍機，沈文定（兆霖）由山西巡撫入為樞臣，眷任甚隆。光緒初，左文襄（宗棠）厠焉。不能久於其位，出督兩江。仁和吳子俊（觀禮）久客文襄幕，辛未始成進士，得館選，著有《圭庵詩》，多關係時事。其最傳者為〈冢婦篇〉、〈小姑嘆〉、〈天孫機〉、〈鄰家女〉諸首。〈冢婦篇〉即為文襄作也。冢婦指恭親王，介婦謂文襄。文襄以一書生，躋位將相，久疑忌之地。故有門祚寒素，什伯親疏各云云。疏逖涕流，小姑諸婦各云云。恐志不侔，故終被排擠，不能久安其位。引近諂謀，和眾推挽，皆冢婦之責。故以有姆善教望之。資沅蘭芷，則明文襄為湘人也。〈小姑嘆〉指沈文定言也。沈雖籍宛平，本吳江人。故曰育南土。為山西巡撫，故曰於歸太原。為人厚貌深情。『深潭柔蕤』，月旦甚確。女巫云云，言外交上引用非人。『歸寧侍阿母，』至『處處蒙人憐。』言其蒙眷有權力。文襄必陰受文定齮齕者，故圭庵言之若此。『聞杜鵑』，殆謂南人作相乎？非止不如歸去也。」左宗棠不獲久居樞廷，以同官排擠之故，固是事實。

而衍此段考證則殊疏。沈兆霖謚文忠不謚文定，早於同治元年卒於陝甘總督任。時宗棠方用兵浙江也。同光間樞臣曾官山西巡撫，順天籍本吳江人之沈文定，明係沈桂芬。桂芬官至協揆，與南人作相說亦符。然宗棠奉召由西陲入覲，於光緒七年正月抵京入軍機，桂芬則先於六年除夕病卒，未嘗同值樞廷。宗棠之不獲久任，與桂芬何干？宗棠抵京後，弔桂芬之喪。輓以一聯云：「入告有嘉猷，擊楫應同劉越石；經邦懷遠志，籌邊還憶李文饒。」且吳觀禮而能作詩言宗棠為軍機大臣事，即是大誤。光緒五年三月宗棠在肅州有「已故軍務人員，忠節可傳，請宣付史館」一疏：「請將已故奏保內閣中書夏炘，刑部候補主事王柏心，四品銜員外郎銜中書科中書吳士邁，翰林院編修吳觀禮四員，宣付史館，以存其人，俾士之矜尚氣節者，有所觀焉。」得旨：「以上四員，均屬有裨軍務，志節可嘉。著照所請，將該故員等事蹟宣付史館立傳，以資觀感。」宗棠拜疏後，並有答朱茗生書言及之，謂：「子俊夫人處，已撥三百金，由兒輩交何伯源轉寄，尚未得回信。此次請將夏、王、兩吳四君，宣付史館立傳，正值黎簡堂、劉峴莊兩奉嚴諭之後，恐不能邀允。惟愚衷如結，實非無病呻吟，亦有不得不然者。惜四君後嗣凋零，難期表彰先德，故妄意干瀆，以存其人耳。」政府方嘉宗棠揚威萬里，建戡定西陲之功，故所請獲允也。觀禮既蓋棺論定為歷史上人物兩年之後，宗棠乃拜軍機大臣之命。其在樞廷受排擠齮齕，豈能見諸觀禮之詩乎？衍謂女巫云云，言外交上引用非人，或指崇厚使俄議約事。惟崇厚奉命使俄在光緒五年五月，亦非觀禮所能預知也。

左翁交契

甲申正月，左宗棠以病開兩江總督缺，給假四月，回籍調理。五月至京請安，復入政府。七月即奉命以欽差大臣赴閩督師。時宗棠老矣。翁同龢對宗棠頗致殷勤。其是年日記關於宗棠到京後情事者：五月十九日云：「出西華門拜左中堂於旃檀寺，未見。昨日到，遲數日請安，起跪不便。」二十一日云：「以陳紹一壇，白米百斤送左相。」二十六日云：「左侯仍在軍機大臣上行走，毋庸入值。遇要事傳問。並管理神機營。調舊部兩營來京。」閏五月初八日云：「左相以內閣典籍廳印行文外省。廷寄申飭。」十三日云：「左相封事，同軍機上聞以後，自請每日入值。」二十九日云「左相國來長談。神明尚在，論事不能一貫。大不滿意於沅帥。（按：曾國荃也。兩江總督。）念湯伯述不置。（云已補上海，為沅所撤。）力主戰，以為王德榜、楊明鐙（按宗棠舊部有提督劉明鐙，光緒二年遵旨列保記名提鎮，稱為將材中以識略著者。楊或劉之誤筆耶？）皆足了此也。」六月朔云：「冒雨至內閣大堂會議。實未議，只看摺耳……左相說帖，藝學當興，開科不必，或令學政試取算學等。」二十一日云：「訪左相談，雖神情不甚清澈，而大致廓然。贈我《盾鼻餘瀋》，其所撰詩文雜稿也。反復言打仗是學問中事。第一氣定。氣定則一人可勝千百人。反是，則一人驅千百人矣。（按：此句承上，頗有語病。應作千百人為一人所驅。語氣方合。或同龢筆述偶未經意耳。）談及先兄文勤（按：翁同書也。）諮嗟不已。」七月初二日云：「延煦參左宗棠於乾清宮未往行禮，交部議處。」初六日云：「醇王參延煦劾左宗棠行禮不到，意在傾軋。交部議處。」十一日云：「是曰，吏議上。……左相罰俸一年。」十八日云：「左宗棠授欽差大臣，赴福建督師。楊昌濬、穆圖善幫辦。」二十日云：「得電信，無名。殆盛君（按：或指盛宣懷）所為。言左相不可往閩，宜在吉林備俄也。日志並朝，俄涎吉林，皆已顯露云云。」二十四日云：「以蒸豚等送左侯。」二十五日云：「左相來辭行，坐良久，意極惓惓。極言輔導聖德為第一事。默自循省，愧汗沾衣也。其言衷於理而氣特壯。曰：『凡小事精明，必誤大事。』有味哉！有味哉！勸其與沅甫協力，伊深納之。悵惘而別。」宗棠晚境，老態龍鍾。而豪邁之氣依然，於外侮尤不甘屈伏。所謂烈士暮年，壯心未已也。延煦官禮部尚書，其以行禮不到劾宗棠，未為越職。而奕譞其參其傾軋者，個中委曲，同龢未記。

據費行簡《慈禧傳信錄》記宗棠在軍機時事有云：「宗棠雖出身舉人，而科目中人多非同輩。朝官以其驕蹇，頗惡之。在軍機日，唯自誇功績，遇疆吏奏報，輒請批准，勿付部議。又嘗攙己意入廷寄中示陝撫譚鍾麟。同官王文韶以其不諳體制譏之，實承奕訢旨也。又稱金順為己部將，而於廣眾中詆官文不識一丁，竟得以功名終，旗員大都類然。於是滿蒙籍諸官銜之尤刺骨。禮部尚書延煦遂以萬壽聖節宗棠到班遲誤，行禮失節，特疏糾之。略謂宗棠以乙科入閣，已賞優於功。乃既膺爰立，竟日驕肆。乞懲儆。疏入，后示樞臣曰：「此關禮儀事，何非部臣公疏，而只煦單銜耶？」訢謂宗棠失禮，但為保全勳臣計，煦疏乞留中。後躉之。奕譞聞，大憤。是日特專摺劾煦。謂宗棠之贊綸扉，特恩沛自先朝。煦何人斯，敢譏其濫。且宗棠年衰，勞苦功高。入覲日；兩宮且許優容；行禮時偶有失儀，禮臣照事糾之可已。不應煦一人危辭聳上聽。言頗激切。後嘗以歷朝諸后垂簾，無戡亂萬里外者，居恒自負武功之盛。然實宗棠之力也。故鴻章等屢言其誇張，后不為動。煦糾疏入，后已不懌。得請奏，遂以諭斥煦，復飭部議處分。由是朝臣無敢論宗棠者。至持清議諸臣，以外交事素不愜鴻章所為，知宗棠持議與鴻章左，益揚左以抑李。

故於宗棠有褒詞無微言也。所述間有未諦，大體可參閱。左、翁之相契合，或亦與當時所謂清議有關。乙酉，宗棠卒於閩。同龢七月二十八日日記云：「聞左相竟於昨日子刻星隕於福州。公於余情意拳拳，瀕行，尚過我長揖。傷已，不僅為天下惜也。」至參劾宗棠之延煦，據李岳瑞《春冰室野乘》記其與慈禧爭謁慈安陵禮節，大有風骨，則亦旗員中錚錚者。

左文襄赴閩督師

關於甲申之役，左宗棠赴閩督師事，見之閩人記載者，陳衍年譜乙酉歲有云：「八月左恪靖侯（宗棠）薨於福州。初，上年七月，朝命左侯督辦福建軍務。年齒已高，頗耄昏。拜命日，奏陳於西太后曰：『臣此去必奏凱。臣昔日放生之牛，已託夢告臣矣。』太后大笑。蓋左侯為總督時，有牛將被宰，突奔督署大堂跪乞命。左侯放諸鼓山者也。至閩日，團練大臣林壽圖往迎，林故以布政使被劾於左侯者也。左侯見之，問旁人日：『此人之字，記似與穎考叔有合。』旁人曰：『渠字穎叔。』曰：『然則，彼參於我者，尚來迎我，故是好人。』又曰：『福建海味，海蟄皮甚佳。』其所聞之宗棠軼事也。惟以夢牛之說奏對，近於兒戲。宗棠時雖衰耄，不至荒傖如是。此種傳說，蓋當時嫉宗棠而目為怪物者所流播耳。

同治十年，宗棠請獎勞臣，以昭激勸疏，言劉松山死後顯靈云：「臣提訊解到金積堡回眾，均稱劉帥亡後，堡中夜靜，時聞戈馬之聲，如怒潮湧至。每月約三四次，或五六次。賊中每疑官軍夜襲，不敢解衣就臥。而上年十一月十六夜三鼓，平凉城外忽聞大聲嗚嗚，山谷響應。守城將士疑為狼嘷，開炮轟擊。迨比縋城出視，了無所見。臣時徘徊帳中，覺其有異。後得諸軍馳報，是日馬化隆就擒矣。然則前史所載毅魄忠魂，時露靈異，誠未得謂其盡屬虛語也。」說來有聲有色。宗棠固非不語鬼神之事者。第旨在表彰名將，在奏牘中不為怪特，與夢牛之對，自難一概而論。

林紓《鐵笛亭瑣記》云：「甲申馬江之役，文襄督師由上游取道入閩，將以兵復臺灣。（按復字不妥，時法軍雖侵擾臺灣，未可請臺灣已失也。）父老萬眾，環跪攀留。公太息揮涕自責。嗣聞敵船復近梅花港，公立率所部出防。迨知諜誤始歸。沿路安撫百姓，人人呼丞相萬福。以中堂與宗棠嫌名，故易古稱為丞相，比之諸葛忠武也。時公已老，尚時時騎馬出遊街市。見人屑糯米為丸，糝以糖屑，用瓦器以火溫之。公見而大羨。一歸即遣人購取。公子孝同防其不利於老人，力諫不聽。公怒，取食之。」亦可供談助。宗棠已篤老，而猶能時時騎馬出遊街市。恐有未諦。其十二年前（壬申）與子孝威書有云：「河回獻良馬，神駿異常，如見唐人畫馬，名曰平戎駿、靖戎駿。吾老不能騎，暇時當畫題詔子孫耳。」

左文襄晚年故作偃蹇

曩聞汪建齋君（立元）談其尊人若卿先生（綬之）官江西餘干知縣時，謁見宗棠情況。甚有致。宗棠以侯相佩欽符赴閩治軍。所過，諸官執禮甚恭。宗棠則自待倨。過餘干，汪登舟謁見。宗棠危坐以待，戴大帽而不著公服，長衣加背心而已。汪叩拜如儀。宗棠昂然不為動，惟以手示意命坐。卒然問曰：「潘霨在江西如何？」時霨為贛撫，宗棠直呼其名，若皇帝之召對也。汪對以好。又問何以好？汪舉其辦賑之成績以對。又呼布政使之名而問曰：「邊寶泉如何！」亦對以好。又問何以好。亦舉事以對。又問江西臬司現為何人？對曰：「王嵩齡。」宗棠笑曰：「彼已官至臬司耶！」嵩齡起家寒微，曾在黃鶴樓賣卜。故宗棠有彼哉彼哉之意。後詢汪以餘干事，頗嘉其政績，談甚洽。臨別賞辦差家人以五六品功牌云。蓋宗棠自負勳望階資度越時流，對下僚不免以老賣老，故作偃蹇。

建齋又云：宗棠前由閩浙總督調任陝甘，北上過九江。九江道許應鑅暨府縣均進士出身，宗棠以乙科起家，弗引為同調也。九江同知王某謁見，宗棠閱履歷，知為舉人出身。乃問曰：「進士好，抑舉人好？」王知旨，對以舉人好。復問：「何以舉人好？」對曰：「中進士後，如為翰林，須致力於詩賦、小楷，即為部曹，知縣，亦各有所事，無暇以治實學。舉人則用志不紛，於講求經濟最宜。且屢上公車，覽名山大川，足以恢宏志氣；歷都邑形勝，足以增廣見聞。故舉人較進士為好。」宗棠含笑稱善。王退後，宗棠極口贊譽，謂九江各官惟王丞為最優。眾以為王或有異政見賞，旋知其故，為之爽然。事亦甚趣。

洗馬

洗馬一職，秦漢即有之，為東宮官屬，太子出，則前驅導威儀。晉以後，職掌圖籍，隋曰司經局洗馬。歷代因之。明制，司經局洗馬掌經史子集，制典圖書刊輯之事。立正本、副本、貯本以備進覽。凡天下圖冊上東宮者，皆受而藏之。並有校書、正字，掌繕寫、裝潢經史子集。制典圖書，詮其訛謬，調其音切，以佐洗馬。清廢建儲，仍留詹事府為翰林升轉之地。司經局與春坊同裁。洗馬暨庶子等並入詹事府。惟結銜仍署坊局字樣而已。其洗字本讀先上聲。而俗讀久如洗滌之洗。於是清華之職，乃若躬司洗滌馬匹者矣。

明人關於洗馬之記載，有可發噱者。如陸釴《病逸漫記》云：「兵部尚書陳公汝言退朝，遇太子洗馬劉公定之，戲曰：『君職在洗馬，所洗幾何？』劉公應聲曰：『廄馬皆洗過矣，獨大司馬洗不得也，聞者為之絕倒。耿向定《先進遺風》云：『楊文懿公守陳以洗馬乞假覲省，行次一驛，其丞不知為何官，與之坐而抗禮。卒然問曰：『公職洗馬，日洗幾馬？』公謾應曰：『勤則多洗，懶則少洗，無定數也。』俄一御史且至，丞乃促令讓上舍處之。公曰：『夫固宜然，待其至而讓未晚也。』比御史至，則公門人也。跽而起居。丞乃睨御史不見，蒲伏階下，百狀乞憐。公卒亦不較。」兩事均堪捧腹。洗馬之貴，驛丞不知。乃就字面解釋而輕之。御史雖七品官，（明制如是。）然奉命巡方，則藩臬均執屬官禮，驛丞末吏，視若帝天矣。宜其於御史跽而起居者，蒲伏乞憐也。

張之洞十六歲領解

張之洞十六歲領解，見於諸家記載，殆無異詞。袁昶〈壺公師壽言節略〉亦云：「咸豐壬子解元。時言十六歲。」又云：「光緒丙戌秋，公年五十，在兩廣任。」以官年履歷差一歲。至次年丁亥秋乃拜荷賜壽異數。蓋依官年中舉時為十五歲也。李慈銘光緒辛巳閏七月初二日日記云：「近日科名之早者，盛推南皮張香濤十五歲中解元。然香濤生於癸巳，至壬子實年十九。」謂係十九歲中舉，其說獨異。且如生於癸巳，至壬子已二十歲矣。之洞卒於宣統元年己酉，陳寶琛為撰墓志銘，謂春秋七十有三。與壬子十六歲中舉之說合。蓋生於道光丁酉。慈銘所云，當是偶誤官年實年，往往相異。月前逝世之柯劭忞，壽八十四歲，同治庚午鄉試中式。時年二十一歲。題名錄十七歲，亦與其實年不符也。

女教育家姚蘊素

范肯堂（當世）夫人姚蘊素女士亦以詩名。吳摯甫〈題范肯堂大橋遺照〉有云：「范君既別余去，贅姚氏。早暮與姚夫人為詩，更唱迭和，閨闥間自為師友。」肯堂卒後，致力教育，見稱范姚先生。今年七十矣。近有答東莞張次溪書略云：「蒙足下厚誼，念及鄙況。今大略為足下言之。自肯堂歿後，家無儋石之儲。當時官長及親友均擬籌巨款為鄙人生活之資。一概謝絕，遂與鄉里二三同志，籌辦高初女子小學，以開風氣。勉力勸學，以昌明女德，研究國學為宗旨。其時學子達數百人，頗有可觀。張嗇公聞之，改為師範；築校舍，規模宏大矣。為之料理，成立後即行辭職。嗇公不許，從此任職十五年。至民國八年，舍親方孝遠為安徽實業廳。因此回鄉，勸興女子職業，創辦工藝傳習所。三年之後，因病回通。嗇公仍令女師授經，今又十年矣。因係義務，取脩甚廉。現今女校自校長以下，均係弟子服務，決志不受人惠。雖兄弟友於之愛，不取非分之貲。所謂子孫者，更屬名義，惟有盡我之義務而已。非彼不孝，不能違我之志也。硯田所積，刻苦之餘，饘粥可以自給。衣、食、住皆為之計，有餘則以彌補家人之不足，尚以節省餘資，稍助小學之基金。生平娛樂，惟有群弟子與女友。弟子不亞於賢子孫。此鄙人實在之狀況也。」其人其事，均有可傳。張君以此書相示，因摘錄之。其志事行誼，蓋略具於此云。

瑞澂遁逃

辛亥武昌舉事，湖廣總督瑞澂逃。諭革其職，而仍令署總督圖功。聞當時奕劻內閣總理大臣曾力爭於隆裕前，請拿問瑞澂。隆裕勿聽。奕劻曰：「封疆重臣，棄職逃去，豈可寬貸。」隆裕曰：「庚子那一年，咱們不也是逃走的嗎？」奕劻語塞。退而忿然謂人曰：「小舅子保駕。」指載澤也。瑞澂為載澤姊夫，載澤為隆裕妹夫。其淵源如此。奕劻在西后當國時，即以貪黷著。迨載灃監國，諸親貴各張一幟，政綱益紊矣。奕劻反若較穩靜而生不平之慼焉。於是袁世凱起用矣。

談汪榮寶

汪榮寶近卒於北平，溯其生平，亦一人物也。清末以留學生為顯官，共曹汝霖等見稱四大金剛，而榮寶尤以湛於學問。湯用彬《新談往》云：「汪榮寶，字袞父。幼敏慧絕人。弱冠居滬上，與章太炎同投稿《時務報》，每論文出，時流驚異，一時有汪、章之目。以拔貢廷試得小京官。再隨其叔某先生使節遊東瀛，肄業慶應義塾。返國任譯學館歷史學教授。榮寶先輩皆顯宦，獨能以勤苦自勵。初蒞譯館，布衣芒鞋，類寠人子。教授生徒有條段，治學有規程。以故館生多敬畏之。在館與張緝光交最篤。學部初設，長沙張尚書調緝光任實業司郎中。張每回館，裘馬麗都，聲勢烜赫。榮寶心艷之。數日，忽辭去譯館教授職，就差兵部。旋學部、民部、憲政館爭調取。出入必車馬，厚儀從，與從前任校事時大異。彼既以負氣入政界，竭其治學能力移治官事，自恢乎有餘。以故一年間擢民部參議，仍兼憲政館、法律館、資政院事。一時所謂新政條教，出榮寶手者十九。故前清雖云偽立憲，而章程條教，往往有可採者，榮寶之為也。可供談榮寶早歲事者之參考。清末號行新政，才士與親貴為緣，任要職，佐謀議，率盛飾輿服，亦一時風氣也。榮寶既嘗與章炳麟齊名，民國十四年復有與章太炎論音之爭，其說頗精云。

捐納最為晚清秕政

宜黃歐陽幼濟（溱）以《見聞瑣錄》相贈，其先德宋卿先生（昱）所著也。先生為同治癸酉拔貢，歷居大吏之幕。足跡甚廣，著述甚多。尤喜採訪當世事。爰有《見聞瑣錄》之作，皆同光間耳聞目見史料珍聞，名人軼事，可供考鏡。而有關國政民生，人心風俗者，言之最詳焉。

其記候補官情形云：軍興以來，捐職之濫極矣。而捐職之苦亦極矣。各省候補州縣佐雜，動數千百。安得有如許署缺，如許差委。故督撫亦窮於調劑。於是有十數年未得一差委，數十年未得一署事者。捐職中惟道府多巨富。道員到省後，督撫以其官大本大，無論何人，均有一差。每月薪水銀百兩，或五十兩，由釐金項下支取。知府二、三年中亦必有差遣。最苦州縣佐雜耳。州縣中巨富甚少。資財盈萬者，養尊處優，詎肯捐此職。即有，不過十之一二。故中戶最多。罄家資數千金以捐之，不顧其餘。至佐雜中，則中戶亦少，多下戶。讀書未成之人，與遊幕無業之輩，邀親友斂銀二三百兩捐此職。到省初，皆謂可獲數倍利以歸。及至需次已久，資用乏絕，罄家產者，無從接濟；邀親友者，無顏再告貸。典質俱盡，坐以待斃。

余最愛丁雨生奏捐職情形數語。謂在省候補十數載，貧苦已極。一旦得一署事，又僅一年。

於是前數載需次之費，皆在此一年中補償；後十數載需次之費，皆在此一年之中儲積。此時如委群羊於餓虎之口，雖有強弓毒矢在其後，亦必吞噬而無所顧。故今日欲求吏治，非先止捐納不能也。斯言真能洞達其情，不可以人而廢之矣（按：著者不滿丁日昌之為人，故云。）雖然，猶有所未盡者。

余見近日候補州縣，貧至饔飧不給，餓死在旦夕，不得已借重債以救目前，苟延性命，他日何如，在所不計。於是有放官債者，謂之賭子。言以此為賭也。賭子探知其名次在前三、五年可署事，然後放之。非是，則不放。其在富翁，則放銀三、四、五、六百兩，議署事時為帳房師爺，息銀二分，或二分零。俸銀二百兩、百六十兩、百二十兩不等。帳房出息或平分，或三七分，或全歸師爺。彼時急於得銀，惟命是聽。預先立一關書，所議一一載明，交賭子為憑。其在僕人，則名目甚多。有放銀三、四百兩，議為稿案門上，管一縣訟獄者；議為錢漕門上，管一縣徵稅者。其次放銀一、二百兩，議為簽押門上，管一縣案卷者；議為辦差門上，管一縣雜役者。亦書議字，別立借票，其息較重，在三分上下。及委署到任後，彼輩皆如議而來。需次久而借債多者，則署中皆賭子。邑有訟事，通賄受賂，顛倒是非，挾制主人不得不從。缺稍優者，或半年數月，計本利歸還，可退出之。如其瘠缺，既不能償清，即恐卸任到省後，思貸錢無人肯貸。故忍氣吞聲，任其所為。在帳房師爺，以一本得三四倍利歸。或有良心，與門丁通同舞弊者尚少。

若門丁輩如狼如虎，實為魚肉百姓，飽其欲壑而來，並非貪放債之息而來也。故州縣為所挾制，往往有支挪公項以還私債者；有聲名狼藉，嗟怨載道者。捐職豈皆無天良，不願為好官之人；實迫於勢之無可如何耳。

然尚有本分之人，債亦借不到手，至飢餓而死者。余在沈方伯署中，某日，有人稟某候補縣死。方伯委員往驗因何而死。回稟曰：「某員到省二十年未得委差，衣食俱乏，實凍餒而死。其身上惟留一破衣破褲，床上惟眠一破席，被帳俱無。有一老僕，臥在地上稻秆內，又饑將死矣，」方伯惻然，發錢三十串殯殮。又發錢十串以救其僕。甚矣其苦也！余又見四川劉制軍奏一候補知縣饑寒不堪，吞烟自盡。其人係旗員，素性質實，不喜夤緣鑽刺。到省十年，未獲差遣，故至此。又聞小岩年丈（按：梅啟照也。）說，蘇州有一即用知縣，湖北人，生性迂拙，不識應酬。到省二十餘年，不惟無署事，並未得差遣。孑然一身，典質俱盡，遂自經而死。（按：即用知縣非捐職也。惟不得差委，由宦途擁擠。宦途擁擠，由於捐職眾多。其影響正自一貫耳。）此三人者，余所見所聞也。外此未經見者，尚不知多少。吁！可慨也矣。

然州縣候補，尚有借債一途可設想。若佐雜，謂之小老爺，十數年輪署一缺。所出息，多則八、九百串，少不過三、四百串。誰肯以銀放之。兼大半嗜洋烟之人。故其苦尤不堪言。余在署中見佐雜上衙門時，面多瘦而黃，頭多俯而下，帽靴多十年前物，袍褂多三十年前物。嚴寒無一人服皮服，綿袍綿褂，亦或補綴十數處，甚有被夾袍夾褂之人。出署則帽靴袍褂以一巾包裹，自提而歸，罕用僕者。此亦所謂官者也。值冬月杪，忽有一候補巡檢稟辭，時雨雪，我被皮衣圍火爐，猶覺冷甚；而某員身僅一破夾袍，外加一紗褂，兩袖與前後開無數縫，內用黑紙粘住，戴破涼帽，頂烏色，無靴，鞋亦破，寒極而顫，兩足立不穩。方伯問何往？不覺涕泗長流，曰：「一身饑寒已極，妻子又凍餒將死，無路可生，止有求死一法。欲稟辭往陰府耳。」說畢，眼淚鼻水滴鬚上已成冰。方伯憫憐甚。先慰之曰：「俟有差事出，即以委汝。」旋發銀二十兩，命僕隨至其家觀之。見住一破屋中，妻、子、女五、六人，臥在一床。俱衣破單衣，餓已兩日。大者不能言，小者不能啼，其苦可謂極矣。向無捐職一途，彼亦不起此貪心，早習他業以養此家室矣。

余又見州縣委署時，委牌將下，即有薦師爺者。多則百人，少亦六、七十人。其中有情不能卻，恐開罪於人者，則送乾脩者半，請到館者半。外又有三大憲幕友明薦乾脩者，更不敢拂其意。此風江蘇尤盛。故一官履任，到館師爺有二、三十人，送乾脩師爺有二、三十人。此一項約耗去二、三、四千金。又有薦家丁者，多則二百餘人，少亦百餘人。抵任後派定事件，以所派事不副所望便辭去，亦必給以盤費。然所留總有七、八十人。一日給伙食六、七十枚，一年須耗去千餘金。故萬金上缺，二項幾損一半。加之饋送上司，應酬同僚，友朋往來，委員大差，所損又不止千百金。倘平日負欠三、四千金，雖上缺亦不能償清；又何論中缺、下缺乎！然吾獨怪幕友家丁之何多也。亦可見今日貧窮之極矣！幕友有士人，有非士人者，無路謀生，均入於此，以糊其口，亦無可奈何之計耳。家丁則皆無業遊民，甘心為僕隸賤役者。又有嗜洋烟之人，已成廢物，別無生路，迫而出於此者。嗚呼，民窮財盡，夫其天下小，故余不勝杞人之憂矣。仕宦途成餓鬼道，勝讀李寶嘉《官場現形記》矣。

《官場現形記》第四十三、四十四、四十五回，寫小老爺諸狀，窮形盡相。胡適之《官場現形記・序》以為真可算得是全書最有精采的部分。頗允。可與此參觀。第四十三回中之「其時正是隆冬天氣，有的穿件單外褂，有的穿的還是紗的。一個個都釘著黃線織的補子。有些黃線都已宕了下來。腳下的靴子，多半是尖頭上長了一對眼睛。有兩個穿著抓地虎，還算是好的咧！至於頭上戴的帽子。呢的也有，絨的也有，都是破舊不堪。間或有一兩頂皮的，也是光板子，沒有毛的了。大堂底下，敞豁豁的。一堆人站在那裡，都一個個凍的紅眼睛，紅鼻子。還有一些一把鬍子的人，眼淚鼻涕從鬍子上直掛下來。拿著灰色布的手巾在那裡擦抹」云云。與《瑣記》所述佐雜上衙門情形，尤足對照。《瑣記》此篇所述，各省類多如是，特程度有不同耳。「賭子」亦作「肚子」，所謂帶肚子師爺，帶肚子二爺也。捐官之例廣開，最為晚清秕政。故此篇痛切言之。至深以民窮財盡為慨，今日尤當懔懔也。

劉坤一軼事

劉坤一軼事，《瑣錄》云：「南昌府知府許本墉初在軍，劉峴莊制軍以秀才從戎，犯令。太守欲殺之。賴將士力救免。未十年，制軍討賊有功，洊升為江西巡撫。太守，其屬吏也。不自安，告病。制軍曰：『曩者公也，非私也。余聞祁黃羊之風久矣。君實心任事，無異疇昔，行將薦解狐於朝。有陰挾前事中傷者，天日共鑒。』制軍猶恐其疑也。相見顏色益和，言語益婉，遇事偶誤，益曲為原諒，以安其心。將半載，太守終懼獲戾，決意辭官歸。制軍復囑同僚極力挽留，終不聽。遂無如之何矣。制軍為人沉厚而和平，撫五省九年，不動聲色而上下安。太守介介於利害禍福，以小人之腹，度君子之心，不能成制軍寬宏大德，惜哉。」此言坤一之不念舊惡，公而忘私。

又王伯恭《蜷廬隨筆》云：「劉忠誠為秀才日，省試僅一次，為江西黃令房薦，批語頗為推挹，而主考棄之。此本平常。劉則以為終身之恨。二十年後，劉以軍功官至江西巡撫。昔為主考者，適由知府保升道員，在贛省候補。方充要差。劉蒞任，首徹其差，諭令聽候察看，不許遠離。而訪得黃令，久經罷歸。乃具舟遣使迎之。相見執弟子禮甚恭。且聘為通省大小書院掌教。

黃力辭以事非一手一目所能了。劉曰：『先生自可倩門人子弟代為評閱，不必果勞尊也。』黃因屢為某主考解說，劉言門生向來恩怨分明，今固未褫其官，但令閉門思過耳。』劉官贛撫十年，某主考竟以憂悸卒。黃年近八十始逝。劉升江督後，尚時通簡牘也。」則言其恩怨分明，假公濟私。劉之度量，似不至褊狹如伯恭所云。黃某掌教全省大小書院，亦駭聽聞，疑非事實。

鹽丁之苦

《瑣錄》記鹽丁之苦云：「天下第一等貿易為鹽商。故諺曰：『一品官，二品官商』者，謂鹽商也。謂利可坐獲，無不致富，非若他途交易，有盈有縮也。淮揚之鹽產於海州近海一帶。潮來時汪洋無際，潮退後彌望皆白。遂各依界域，取其潮水入鍋熬成鹽。而煮之者，鹽丁也。無月無日不在火中。最可憐者，三伏之時，前一片大灶接聯而去，後一片大灶亦復如是。居其中熬鹽，真如入丹灶內煉丹換骨矣。其身為火氣所逼，始或白，繼而紅，繼而黑。皮色成鐵，肉如乾脯。其地罕樹木，為逼極跳出烈日中暫乘涼。我輩望之如焚，畏之如火者，乃彼所謂極清涼世界也。至如客行夏日中，偶值小樹陰可略憩息，猶覺其熱者；自彼視之，幾同廣寒宮在天上，不知世間有是境也。其用力之苦如是。

一日所得，僅百枚內外。一家妻子衣食均需此，故所食不過蕪菁、薯、芋、菜根。上品則為蕎麥、小麥。我輩常餐之白米，彼則終歲、終身、終子、終孫未啖過者，如入天臺山食胡麻飯，乃千數百年一遇。且不知果有其事否也。而所衣皆鶉衣百結，嚴冬僅衣夾。家最富足，藏有一破棉袄者，十中不過二、三。所覆之被，極奢侈者，則集數十片舊絮縫而成之。其餘皆積草秆，入臥其中矣。我輩所衣皮服，所覆棉衾；彼則視如虞夏冠裳，商周彝鼎。但可聞其名，而不可得其物矣。所居屋高與人齊，以茅蓋成。風大則吹倒，雪大則壓破。故極世間貧苦之難狀者，無過於鹽丁也。

然尤足憫者。凡人苦盡，猶有甘時。己身無望，猶可望之子孫。故天下之苦，莫苦於乞人。而或有轉運之日，依舊可興家立業，為官為商。即不然，不能料其子若孫世世為丐，無有奮志立名，出人頭地者。獨至編為鹽丁，身不出產鹽之區，手不離煮鹽之業，耳不聞富貴之言，目不見富貴之事。終身、後世，如牛如馬，勞苦於此。其志但求不餓死、不凍死已足。固無他望。亦不知顯榮福澤為何物。余見其鳩形鵠面，真同牛馬生活，吁可憫矣。均一鹽也，鹽商乃如彼，鹽丁乃如此。其相去懸絕，豈僅霄壤之分，仙凡之判而已哉。」人間地獄，動目驚心。蓋非關心民生疾苦者不能作。

章士釗訴訟文字典雅可誦

章士釗為律師後，辯護之作，率文采斐斐，為此類文字別開生面。頃閱報載其孫杏生、郭錫侯被訴預謀殺人案，辯論詞亦典雅可誦。惟中有云：「宋司馬光以儒臣用事，涉及刑罰，輒主重典。有云：一家哭，何如一路哭。至今以為名言。」按一家哭云云，是范仲淹事，與司馬光無關。史稱范仲淹取班簿視，不才監司，一筆勾之。富弼曰：「一筆勾去，一家哭矣。」仲淹曰：「一家哭，何如一路哭耶？」未聞光亦有此語也。記得民國初年，康有為電報引〈朱浮與彭寵書〉中之「凡舉事無為親厚者所痛，而為見仇者所快。」而以為朱雲之言。一以同時而誤；一以同姓而誤。蓋皆學人偶不經意之失耳。

寇連材之傳聞異辭

光緒丙申二月，閹人寇連材為西后所誅。梁啟超作烈宦寇連材傳，附列《戊戌政變記》中〈殉難六烈士傳〉後以表揚之。文云：「寇君直隸昌平州人也。敏穎硬直。年十五以閹入宮，事西后為梳頭房太監，甚見親愛。凡西后室內會計，皆使掌之。少長，見西后所行，大不謂然，屢次幾諫。西后以其少而賤，不以為意，惟呵斥之而已，亦不加罪。已而為奏事處太監一年餘，復為西后會計房太監。甲午戰敗後，君日憤懣，憂傷形於詞色。時與諸內侍嘆息國事，內侍皆笑之以鼻……丙申二月初十日早起，西后方垂帳臥，君則流涕長跪榻前。西后揭帳，叱問何故？君哭曰：「國危至此，老佛爺即不為祖宗天下計，獨不自為計乎？何忍更縱遊樂，生內變也。」西后以為狂，叱之去。君乃請假五日，歸訣其父母兄弟，出所記宮中事一冊，授其弱弟。還宮，則分其所蓄與其小太監。

至十五日乃上一摺，凡十條。一請太后勿攬政權，歸政皇上。二請勿修圓明園以幽皇上。其餘數條，言者不甚能詳之。大率人人不敢開口之言。最奇者末一條，言皇上今尚無子嗣；請擇天下之賢者立為皇太子，效堯、舜之事。其言雖不經，然皆自其心中忠誠所發。蓋不顧死生利害而言之者也。書既上，西后震怒，召而責之曰：『汝之摺，汝所自為乎？抑受人指使乎？』君曰：『奴才所自為也。』后命背誦其詞一遍。后曰：『本朝成例，內監言事者斬，汝知之乎？』君曰：『知之。奴才若懼死，則不上摺也。』於是命囚之於內務府慎刑司。十七日移交刑部，命處斬。臨刑神色不變，整衣冠，正襟領，望闕九拜乃就義。觀者如堵，有感泣者。越日遂有驅逐文廷式出都之事。君不甚識字，所上摺中之字體多錯誤訛奪云……

又有聞古廷者，皇上之內侍。本為貢生，雅好文學，甚忠於上。西后忌之，發往寧古塔。旋殺之。丙申二月，御史楊崇伊劾文廷式疏中謂廷式私通內侍，聯為兄弟，即此人也。楊蓋誤以聞為文云。」敘事甚有生氣，特旨重宣傳，宜分別觀之。

梁濟《感叩山房日記》丙申記連材事云：「近又有藻飾傳揚寇太監事者。太監寇連材，念過幾年書，是鄉下能多識字之人。已娶妻，有子。因畏勞，不願習農。與其父母抵觸，負氣逃至京中，遊蕩多日，遇人勸其為閹，認文太監為師。後挑得奏事處差。此差頗優，每年有二三千金進項。旋因東朝惡其資淺，改派充司房太監。司房係雜務，最勞最苦。寇憤嫉不平，私自逃走。欲追訪其師文姓。至山海關被獲復回。文姓者，號闊亭。即文廷式交結之太監，為奏事處得意有權之人，素以拉官纖發大財者。甲午年冬，珍妃賄賣官缺之案發，重治諸人，並文亦充軍黑龍江。寇既欲逃出關，故思往依之也。押回司房當差後，抑鬱不堪，遂決計違例上摺，觸忤求死。摺中亦有數條諫諍得是者。如請回宮勿遊園，勿演戲，停止土木等是。其餘論國政，則荒唐兒戲，大半從小說書中摘來。末條有選賢德者禪讓大位語，則又憤激犯上，涉想怪誕者。而一般文人士大夫，則紛紛議論，謂上不能納諫，誅戮忠直，至於惋惜悲憤，喧傳其美。一時都下有『寇太監從容臨菜市；文學士驅逐返萍鄉』之聯。余凡事求實，訪諸其嫡堂弟在琉璃廠松竹齋者，及其表兄靳姓而知之，不欲以意為低昂也。」所述似有視啟超作為翔實處，應參看。惟私逃被獲，何以並不治罪，仍充原差，是當有說。

文廷式之褫職驅逐，與連材之誅僅越一日。翁同龢是年二月十七日日記云：「昨楊崇伊參文廷式摺，呈慈覽。今日發下，諭將文廷式革職，永不敘用，驅逐回籍。」又云：「聞昨日有內監寇萬材戮於市。或曰盜庫，或曰上封事。未得其詳。楊彈文與內監文姓結為兄弟，又主使安維峻言事。安發譴斂銀萬餘送行。」盜庫之說蓋當時傳聞未審之詞耳。又二十日云：「聞去年發黑龍江之太監王有、聞得興均就地正法。聞即前日楊摺所云文姓者也。」聞得興蓋即啟超所云聞古廷，亦即梁濟所云連材師文闓亭也。

廷式於連材事亦有所記。其《聞塵偶記》云：「丙申二月十六日，上在頤和園。是日午刻誅太監一人於菜市。聞其罪坐私遞封奏，語言悖謬云。後乃知太監名寇連才，昌平州人。其奏乃諫遊行，請建儲，停鐵路，練鄉兵。又請勿聽用李鴻章、張蔭桓等共十條云。又聞寇連才言事摺跪進於太后手，閱至半，震怒。是日內務府大臣工部尚書懷塔布以祭龍神路經頤和園，太后召見。命承旨交刑部正法。懷塔布為連才跪求稍寬。不允。故此事不由軍機處。恭親王告翁尚書云：『吾等為曠官矣！』情事亦可供參證。」

沃丘仲子費行簡《慈禧傳信錄》記廷式、連才事云：「帝屢聞珍、瑾兩妃稱其師文廷式淹雅，甲午大考翰詹閱卷大臣擬定廷式名第三，特拔為一等第一，超擢侍讀學士。然亦詞臣所嘗有。而廷式素狂淺無行檢，遽以自負。謂己有內援，將入樞密。無識者競附之。日集京朝官松筠庵，論朝政得失。余亦嘗赴其約。然所論多遷謫官吏事，罕及大計。余笑曰：『此襲東林而加厲者。』後謝不往。侍后閹寇聯才者，夙知書，頗不慊其同輩所為，欲有以自立。廷式知之，遂假瑞洵為介，與訂交焉。其黨以明代王安擬之。廷式自擬為繆昌期。嘗代聯才擬疏，乞后行新政，屏老臣，用才士。意在自薦也。聯才遽上之。后覽疏震怒，將遣之黑龍江。李蓮英力譖其通外，洩宮內事，乃立正典刑。廷式亦為臺諫楊崇伊所劾罷職，勒回籍。」此朝官植黨講學先聲。然帝第賞廷式博學，初未欲試以政事也。

又王伯恭《蜷廬隨筆》云：「文廷式既得聖眷，一時翰林之無耻者，爭為臚附。是時，上久親政，所以奉養太后者，無微不至，尤不惜財力。外人有傳說兩宮不相能者，廷式欲媚上見好，且得沽名市直，率同官同好數人，聯名奏訐太后之非；且隱肆醜詆。上見之大怒。以為對子議母，目無君上，將予嚴譴。珍妃為之涕泣求恩，長跪不起。乃降手諭，發貼軍機處直房云：『文廷式、周錫恩、張騫、費念慈等，均著永停差使。』於是諸人紛紛出京，而廷式獨留，依然肆言無忌。又為內廷所知，得旨革職，永不敘用。」則均深不滿於廷式。可廣異聞。惟事實尚有待詳考。

清末宮廷演戲軼聞

清末親貴酷嗜戲劇，蓋西后之倡率與有力也。聞光緒帝亦極好此。據云：壬辰冬至祀天於圜丘。由宮赴天壇輿中，低唱《武家坡》，生旦兼唱，不遺一字。韻調悠揚，大類名伶。對於鼓板，尤喜研究。一日，內廷演劇，打鼓者偶誤。帝蹴之使去，遂坐其位，接續打鼓，終闋始已。傳聞如是。然幼年典學時，實不喜聽戲，亦緣師傅之教。翁同龢己卯六月二十四日日記，記太后召見事云：「甫起，蘇拉來。知第二起。遂入見於東暖閣，詳問功課。因對：萬壽期近，聽戲雖是典禮，究恐開聲色之漸。語極多。仰蒙採納，並諭明：后皆帶書往聽戲處，如欲看書，即仍開卷。對：此第一件事，能如此，國家之福。次衙門事；次申前論。語特多，不敢記也。」二十九日日記云：「上自二十五日起，兩日在寧壽宮，未嘗入座聽戲，略一瞻矚，便至後殿讀書寫字。二十七、八日，則仍到書齋，一切照常也。上云：『鐘鼓雅音，此等皆鄭聲。』又云：『隨從人皆願聽戲，余不願也。』聖聰如此，豈獨侍臣之喜哉。」

時帝方九齡。甲申，西后生日，演戲多日。同龢十月十七日日記有云：「上云：『連日喧聒，頗倦。初八日最疲煩，頭疼也。』每日只在後殿抽閒弄筆墨，不欲聽鐘鼓之音。」時帝十四齡也。西后大舉慶典同龢二十日日記云：「自前月二十五日至今日，宮門皆有戲。所費約六十萬（一切典禮在內，前居撥戶部四十萬，今年同。惟內府尚欠各項二十萬。）戲內燈盞等（俗名且末）用十一萬，他可知矣。時中法軍事正亟，帝於后之不恤國難，耗帑縱樂，意不然之。亦略可見。

沃丘仲子（費行簡）《慈禧傳信錄》於記戊戌政變後，辟帝狎優等說之誣，謂「帝獨冒群疑眾謗，自圖改革，而其親政數年，恭勤守禮，未少遊縱，實清代令辟。世傳其吸烟，或傳其狎優，皆訛言也。伶人俞莊以擊技為帝所賞，給以金牌。時雖有浮議，而亦影響之談。又謂帝令優人於裝中雜西衣進，將變章服。康有為嘗獻房中樂，後對諸臣即以鴆酒強帝飲者。是諸說非傳聞誤，則惡異者所造作，更不足信矣」。語甚允。

令優人進西衣，將變章服之謠。或由於康有為之請斷髮易服。有為戊戌七月上書陳其利，而謂「皇上身先斷髮易服，明詔天下同時斷髮，與民更始。令百官易服而朝，其小民一聽其便。則舉國尚武之風，躍躍欲振；更新之氣，光徹大地。雖守舊固蔽之夫，覽鏡觀影，亦不得不俯徇維新之令；而無復敢為公孫成等之阻撓矣。其於推行維新之政，猶順風而披偃草也」。

其後，主張有異，刊摺稿於所編《不忍雜志》第一冊民國二年二月發行跋以志悔有云：「吾此摺上於光緒戊戌七月二十間，德宗神武，決欲舉行。大臣剛毅等力爭，太后不悅。未幾而政變事起。今十四年矣。吾久遊歐美，閱歷日深，則甚悔於前議之過勇，而未盡當也。夫斷髮固在必行，而易服則實有未可」。以下詳言華服之便，歐服之不便。又云：「吾戊戌上書之言，實為巨謬。時未遊外國，閱歷太淺。徒以守舊阻撓維新者太甚，欲借斷髮易服之大舉，以易其耳目，而易其心志。俾阻撓不甚，新政易行耳。乃不得已之術也。亦自知絲為中國天產，萬不可棄；冀一轉移，後乃補救而復之。然亦幸未遽行耳。否則後雖補救，為害已多矣……今國人亦多言剪髮不易服者。事理漸明，至為幸事。吾在舉國為創言剪髮易服之人，附識於此，以自艾自責。」然歐服豈無害於中國者？中國服豈無遜於歐美者？今茲變法，擇善而從，斟酌中外，宜得其至善者。今人競尚歐服，而有為所論，亦尚非無一顧之價值也。

《傳信錄》記戊戌政變後事又云：「一日觀劇，特傳伶人何九演《打龍袍》，俗謂宋仁宗母為劉后所害，逃居民間。後為包孝肅所知，言於帝，始迎歸宮掖。后以帝臨御久，竟忘所生，令孝肅杖帝。孝肅乃取袍鞭之。其詞頗鄙俚，而皆太后讓帝不孝語也。命下，左右皆知后意在德宗，萬目向之矣。至鞭袍時，后顧謂近侍曰：『子既忘母，臣亦可忘君。雖鞭其人何害，奚必袍也。』又謂帝，『爾臨天下久，素愛賢重才，抑知近臣中誰可繼武包拯者』？帝顏赧，不能對。既罷演，后更詰帝曰：『爾觀今日《打龍袍》何如？』帝對：『甚佳。』后笑曰：『吾恐其不佳耳。』帝益慚悚。時宮中所行多類是。余聞頗富，而有群豎所附會者。此則聞之桂祥言。祥妻適亦入座聽戲也。」此足見其時帝處境艱難之一斑。（聞己亥某疆吏子新年團拜，首點《打龍袍》一劇。說者謂意在帝。）

后帝由西安回京後事，王小航《方家園雜詠》有云：「儆惕無忘蒙難艱，盈廷獻媚壯觀瞻。臥薪嘗膽空賫志，傀儡重登獨汗顏。」《紀事》：「回鑾未數日，大臣即議籌款建正陽門樓：皇上曰：『何如留此殘敗之蹟，為我上下儆惕之資。』而太后以諸臣之議為是。月餘，太后即召外優演劇。外城各班名伶皆與焉。故事，太后觀劇，開場之先，必皇帝華衮，先從後臺出，自上場門，作優伶式環步一周，以表示萊彩娛親之意。其制不知始自何年。至此次入臺，上羞之。小語曰：『這是何等時光，還唱得什麼戲！』小閹怒曰：『你說什麼？』上急央求曰：『我胡說，你千萬莫聲張了。』後太后頻邀各國使館婦女遊園、觀劇，改變其防辟外人之態，以掩縱拳之跡。

於政務則專飾外觀，靦然自大，而皇上益不得發言矣。」有可廣異聞者，亦有關於帝與戲劇，故類述之。

端茶送客

端茶送客四字，屢見於《現形記》中，讀者每為失笑，以其為官場陋習之一也。然此種慣例之本意，不過以舉茶杯表示己言已畢，非獨長官對屬吏以端茶送客；其行賓主禮者，賓對主亦以端茶與辭。蓋屬吏恐長官尚有後命，須待其端茶而後出。敵體官相見，賓主談話既竣，即自行端茶示意耳。《現形記》僅寫長屬間之端茶，未寫賓主間之端茶，遂若此為在上者之一種驕倨行動矣。端茶之後，對方苟尚有言，仍可言之。屬吏間有震於長官之威，以為已送客矣，而不敢盡其詞者。初非此種慣例之本意如是也。

譚嗣同《延年會章程》，以蠲除塵俗浮文為主。中有一條云：「客以某事來商者，見時只可言某事之本末。言畢即行，不得牽引他事，及無聊閒談，致延時刻。若喇喇不休者，主人可請茶送客。」所謂請茶送客，猶端茶送客也。端茶亦即謂言已畢，請飲茶耳。此非嗣同以維新志士而效官場陋習，正以此種慣例之本意固不惡也。

長官對於屬吏，亦有厭其煩瀆而以端茶送客拒之者。如《現形記》卷二十一所寫：「手本進去，藩臺不見。胡鏡孫說有公事面回，然後勉勉強強見的。見面之後，藩臺心上本不高興，胡鏡孫又嚅嚅囁囁的說了些不相干的話。藩臺氣極了，便說：『老兄有什麼公事快些說，兄弟事情忙，沒工夫陪你閒談。』胡鏡孫碰了這個釘子，面孔一紅，咳嗽了一聲，然後硬著膽子說出話來。才說得卑職前頭辦的那個戒烟善會一句話，藩臺已把茶碗端在手中，說了聲我知道了，端茶送客。胡鏡孫不好再說下去，只得退了出來。」蓋端茶逐客矣。

又憶某說部記官場笑柄，謂一新到省之知縣，不諳官場儀注。盛暑謁巡撫，揮扇不已。巡撫惡其傖慢，因請升冠寬衣。知縣從之，而巡撫即端茶。侍者高呼送客，乃惶遽失措，一手持冠，一手挾衣，裸上體，狼狽而出。此為惡作劇之端茶。其實此人苟從容衣冠而退，亦不能被呵止也。（屬吏見長官不許持扇及戴眼鏡，乃真前清官場陋習。）

端方以攝影革職

端方以恭送梓宮，令人在隆裕行宮外攝影，被劾，革直隸總督職。後會順天高等學堂行畢業禮。府尹邀諸紳等參列，端方亦與焉。禮成，將攝影。端方曰：「咱們還敢照相嗎？」詼諧語，而牢騷之意極顯。

林紹年請更名韶延

林紹年官雲南巡撫時，嘗奏事附片請更名。謂近以族中修譜，知本名犯先世諱，請改為韶延。奉旨：「應無庸議。」

王鑫軼事

咸同間湘軍崛起鄉里，震耀一時。曾、胡倡率之力，亦其時楚材特盛也。諸將中王雖以早鑫亡未獲大顯；而所部最號節制之師，聲譽甚著。其軼事流傳，最為人所樂道焉。《見聞瑣錄》[10]記其軍令之嚴肅云：「王壯武下令：軍中一人積銀十兩者斬。所有月餉及賞賚，諮交糧臺，每月遣人分送其家，取書回。將士得書，無不感服。左侯號令嚴肅，獨不禁飲酒。無事則聽其盡歡極醉。壯武軍中嚴絕樗蒱，並謂酒足誤事，禁之。有提壺挈榼者斬。暇則習超躍拳擊之技，立格賞罰，無日不然。故兵少而精。使竟其討賊之志，勳名當在左、彭諸公上。惜積勞成疾，自林頭戰後，未幾即薨。弟貞介方伯統其軍，勇智遂少殺矣。壯武之行軍也，微功必錄；微罪必罰。不辟嫌，不辟親。剿賊廣東時，姊子某犯令，諸將爭救不應，揮淚斬之。其號令之嚴，余親見二事。時余辟亂石灰唅山中，地界宜樂山下十里，為走宜黃孔道。偶步至此，見所遣偵探九人入店中，呼主人具飯。食畢，每人給錢二十枚。主人不敢受。九人曰：『主將令：沿途啖人飲不給錢，及

[10] 此書為宜黃歐陽昱字宋卿撰。

取民一物值百文以上者斬。』主人遂受之。余聞林頭賊敗，登嶺遠望。日未午，見官軍二十餘人自山下追賊二百餘上山。至余所居門首，盡斃。但次第割其耳。賊所遺財物，無一拾取者。余歸，見二十餘人，汗濕重衣，覺疲甚；急呼余備飯。山中米粟無多，烝薯芋進之。食畢，每人給錢二十枚即行。余曰：『天將晚，人已倦，離城又五十餘里；盍止此一宿。』曰『軍令：覆命逾酉刻者斬。我輩善走，尚可及。』余聽而太息曰：『兵遵將令乃若是乎！非平日恩威足以畏服之，曷克至此。』治軍之嚴，誠足稱述。」

近時統將亦有紀律甚嚴者，可謂有錱之遺風矣。左宗棠夙重錱，而頗謂其待部將過刻。如光緒戊寅致劉典書有云：「大諮加給蒓農薪水，兼司三營帳目。鄙見頗不謂然。營帳由營官自行經理，本是舊章；亦使其稍沾餘潤。若改歸營務經理，則營官未免缺望。當時王壯武雖如此辦理，所部亦勉從之。卻不可為訓。弟猶記易普照曾向弟親說：『大人待我輩恩誼最重。惟不准我們得錢。』其詞亦頗令人心惻。易普照乃璞山所稱如手如足者。厥後先璞山陣亡。其家固貧乏如故也。……璞山治軍，為吾湘一時巨臂，獨於此等處全不理會。」宗棠器局恢宏，有非錱所及處。而錱治軍之嚴，益可見也。蒓農者王詩正，錱嗣子。

關於錱之戰略，《見聞瑣錄》記林頭戰事云：「王壯武敗賊吉安，追至欒安，偽目蓋天侯楊國忠最桀黠，號統賊二十萬，實六萬，盤踪吾邑（江西宜黃）南境寧都小田一路。謀犯贛州。壯武遣九人至吾邑偵探。賊中素震王名，有斑虎之目。聞其兵至，不暇辨多少，皆驚曰：『王斑虎來矣！』邑賊千餘，盡奔往小田告急。楊恃眾欲挫王威，即遣前鋒五千至樂安十里屯住，大隊繼至。樂安有鄉團，諸紳聞之，入見壯武請發兵，拒不見。明日，賊愈增。又請；又不見。壯武兵僅三千，自是日減一日，不知何往。諸紳懼，謂畏賊強，將遁矣。四日，賊盡入樂安界。有一大村曰林頭，楊督後隊至此，擬宿一夜，明日悉師進戰。自謂此地離王軍五十里，前後左右皆其兵，萬無他慮。遂皆酣寢。至半夜，忽四面炮聲震天。火箭數十射入村中，村屋燒壓，如崩崖裂石。賊在睡夢中驚起，不知此軍從何而降。而風猛火烈，出門稍遲，即圍焚無逃路。時值秋末天寒，多不及披衣者。須臾，火箭一支射燒楊臥榻。楊急走，而村外東西北俱重重圍住，惟南一角為回宜黃孔道，遂從此奔竄。前有大河，有長橋，橋北水極深，板已毀，賊不知也。前者墜水；後者擁擠而上，為官軍槍炮追迫，不敢回顧。賊精銳近萬，盡在此地而凍死、燒死、溺死，殺死，無一脫者。天剛曙，官軍分一半救火。而是夜四更，城中兵亦出攻賊之前鋒。當初更時，壯武急召諸紳至，曰：『天明賊必敗，東西必竄某小路，可速引鄉團據守山口，多張旗幟。賊至但擊鼓喊殺，勿出戰，勿令竄入谷中；則君等功也。如違，以誤軍情論。諸紳愕然。然不敢不遵。及日出，前鋒賊果竄至小路，不敢走；遂由大路奔回宜黃。而後路賊又紛紛思竄下樂安。一往一來，自相踐踏者不計其數。是時前攻後殺，左右僻徑又為鄉團所堵截。五萬賊斬戮幾盡，得脫者才數百人而已。戰捷後，諸紳莫解其故，爭求壯武指示。壯武曰：『諸君始請時，余知戰必勝，然恐在後者聞而奔散，則此六萬賊蔓延各縣，又不知何日方能剿除。余故示弱不出，使賊知余怯，必掃隊前來，然後可一戰殲之。此地往宜黃，夾道多大山。余初至即命數十人遍探各山小徑出入遠近，了知如指掌。余兵日減者，蓋每夜半遣數百人帶乾糧，偽為樵夫山民往林頭左右山中藏伏，料四日內楊賊必宿此地。先殲此賊，余如破竹也。天幸不出所算，又得諸君為聲援，成此大功。從今撫建二郡可望收復矣。諸紳聞之乃嘆服。」寫來生動有致，亦談鑫戰略者之好資料。鑫與曾國藩始合終乖，而歿後國藩每稱道之。

徐琪《南齋日記》

徐琪光緒間為南書房翰林，有《南齋日記》若干冊。頃於黃君病蝶處獲見二冊，多榮恩感激語。己亥五月三十日記儀鑾殿召見情事云：「病尚未癒，五點鐘策騎入直。家人見病甚，皆阻前往。琪知今日是翰林院直日，必召見。若偷閒，不宜。乃扶病策騎，居然尚可支持。至齋少坐，果命召見。乘舟至瀛秀園門五間房，又稍坐，晤蘇子熙宮保軍門（元春），一見如舊相識。是日三起：琪第一，蘇元春第二，軍機第三。有奏事太監導入瀛秀門，將至殿階，見殿前陳設皆珠蘭、茉莉、蕙花之屬。盆皆細瓷五彩，香氣撲人。中官導前，登殿中階，啟中扉進殿，向東行，見殿中陳設諸花與外同；但盆略小。因召對在即，不敢諦視。趨至東暖閣，有黃紗簾。中官向北面啟簾，蓋寶座近窗向北坐，臣等由北面上，是以由北啟簾也。進暖閣，見近窗設御榻一。皇太后寶座在榻之東，中設一炕桌。皇上寶座在榻之西，前設御案一，案上黃緞罩。臣等履歷片置案上，案下設一品墊，正一居正中，墊北有花數盆。臣等非一品，不能上墊；乃在墊旁向東南迎皇太后御座跪。移時，皇太后問曰：『你那裡人？』臣對曰：『臣浙江人。』又問：『那一科進士？』臣對曰：『庚辰科進士。』又問曰：『浙江年歲多好？』臣對曰：『是，浙江年歲多好。』又問曰：『浙江雨水什麼多調勻？』臣對曰：『是，浙江雨水，一切多見調勻。』又問曰：『寧波有水勇，有人說可以練得。究竟何如？』臣對曰：『寧波水勇，亦可練得。然臺州民情強悍，似乎臺勇比寧波還強。然咸豐年間軍務時，寧波練綠頭兵，亦頗得力。』又問曰：『那是捻匪時否？』臣未及答，又問曰：『是粵匪時？』臣對曰：『是。』又問曰：『浙江有教案否？』臣對曰：『浙江教案尚不多。各省教案，全在州縣得人。若有洋人來，即時見他。有教案，立予訊結。決不致有多事。現在各處教案，總是不肯驟見洋人；平時又不將細情曉喻。於是愚民以無稽之詞，或迫於公憤，亦有希圖打搶，並非真是義民的。』皇太后曰：『可不是。現在山東、四川各省，俱有教案，總要外頭辦得好。若鬧到裡面來，事情就不好辦。』又問曰：『近來時事多艱，練兵以外，尚有何策應舉辦？』臣對曰：『方今以練兵為第一要義。練兵以外，惟有理財。然本朝與前朝不同，從無加賦之名。若理財不得其法，民間即為受累。還是推廣蠶桑，其利最溥。』皇太后曰：『可不是。加賦萬不可行。理財之事，地方官辦理不得其法，則百姓受累。』臣對曰：『是。』又問曰：『浙江多出絲？』臣對曰：『是，浙江出絲。』又問曰：『絲是湖州的好？』臣對曰：『湖州的絲最好。杭州府屬海寧州等處出絲亦多好。』又問曰：『洋人亦來買絲？』臣對曰：『洋人亦來買絲。伊等買絲，必須絲貨都齊，價錢欲落之時，始肯來買。是以中國商人往往多吃其虧。』皇太后曰：『洋人做生意，他多比中國商人精。』臣對曰：『是，中國商人心思趕不上洋人，是以商務多吃他的虧。』皇太后曰：『正是。即如礦務、鐵路，亦多不見獲利。所延礦師，往往本領不佳，亦尋不出真苗。』臣對曰：『是，外國開礦，往往於此處安機器，即開至見水，仍復下挖，必見真苗而後止。中國商人安機器挖至見水無苗，即挪他處。是以所費成本較多，而獲利轉少。況購買機器資本已重，而機器所獲之利不能有速效。』皇太后曰：『是，機器成本既大，獲利卻亦甚緩』。臣對曰：『是，方今時勢，若不講求洋務，未免迂闊。然機器等事，實無大利。』又問曰：『鐵路亦不獲利，何故？』臣對：『鐵路在外洋招商較易，是以獲利比中國厚。』又問曰：『浙江農工商局，近來亦辦得如何？』臣對曰：『現在浙江經劉樹棠竭力整頓，一切當有起色。即如從前養蠶不精，近仿西法，用顯微鏡先照，將蠶子有毛病者先行挑出。所以近來所養之蠶既好，絲亦較從前漂亮。（此二字京中語，猶光潔也。）至於興利之道，如浙江岱山，從前出鹽。撫臣日派人往收。乃鹽出日多，而官款不給。於是私梟充仞，仍復無可如何。』皇太后曰：『可不是。私梟最可惡，他的鹽運來比人家好，價又賤。是以百姓多貪吃他私鹽。』臣對曰：『是。』對至此，皇太后從容溫霽，諭臣曰：『你是近臣，學問又好。方今時事艱難，內而內政應該修明的；外而外政應該舉行的。你隨時條奏，無不立見施行，無不即行舉辦。』臣對曰：『是。臣如有見解，當隨時奏聞。』皇太后曰：『你會畫？』臣對曰：『學則畫畫。』皇太后曰：『有畫得好。』臣對曰：『臣畫粗學，平日瞻仰皇太后御筆，實在欽佩。』皇太后曰：『畫就是章法不好安。』臣對曰：『皇太后御畫章法實在好極！臣欽佩十分。』皇太后曰：「今年因事情忙，亦不多畫。往年節下畫得多，你們多有賞。今年畫得少，是以多未賞著。』臣對曰：『是，現在事體比以前多忙。』皇太后又曰：「我每畫一件，多是自己等用。是以臨時教你們題，隨時要有。你們題得多好。就是多受累。』臣對曰：『太后恩典。』皇太后又曰：『嘉慶道光年間，南書房多會畫。現在有能畫；有不能畫。』臣對曰：『是。』皇太后又曰：『你大字匾對多寫得好！大字有底子否？』臣對曰：『沒有底子。』皇太后又曰：『大字擱在桌上瞧得好，不算准。總要懸起來看好，才是真好。』臣對曰：「是。』皇太后又曰：『你平時用什麼筆？』臣對曰：『寫福方等字用棕筆，若寫蠟箋，還用羊毫。』皇太后曰：『棕筆不大好使，還是羊毫轉側處見得圓潤。』臣對曰：『是。』皇太后又問：『你多少歲？』臣對曰：『臣年四十二歲。』問至此，稍停。顧皇上曰：『皇帝還有問的，問問。』皇上曰：『你天天進裡頭來？』臣對曰：『是，臣天天進裡頭當差。』皇上曰：『衙門裡還常去？』臣對曰：『衙門事情不多，有知會來就去。』皇太后曰：『翰林院那邊事簡。』臣對曰：『是，翰林院事簡，有內廷差，署中即不常到。』皇太后又問曰：『侍講幾員？侍讀幾員？』臣對曰：『漢侍講三員，侍讀三員。』臣因奏皇上曰：『近日聖躬服藥多見好。』皇上曰：『天天脈案你多瞧了？』臣對曰：『是，脈案臣瞧了。』對至此，臣思問話已多，稍跪凝神，待垂問或命起來。皇太后從容曰：「那麼你……，若曰：那末你還是先下去。下半語未出口。『那麼你』者，此優待近臣，不欲令遽出。而時已不早，不能不出，乃含意曰：那麼你。從前皇上垂問，問畢時亦如此。臣領會，瞻仰天顏，見不向下問，即起立，向西北退出一、二步，已近簾。以右手託簾，左足先出，仍以面迎上。若右足先出，一轉側便以背向上，大不敬。左足既出，然後上半身輕輕閃出，以右手將簾放下，然後右足隨出，若有神助。中官在階下候臣。仍出中扇，即向東，趨而南，出瀛秀園門，仍乘舟至齋。是曰，琪以病軀，幸未隕越。且垂詢至四刻餘之久，天語屢褒，皆託祖先福庇，遺澤綿長，始克臻此。謹錄垂詢奏對之詞於此，以志欣感。」此戊戌政變後一年，庚子亂作前一年事也。雖所記若無關宏旨，僅供談佐；而其時當局及詞臣之識度，亦約略可見。義和拳之仇外，起於民教惡感。」所謂教案，其先導也。西后殷殷以教案之多與不好辦為慮，蓋事態已漸嚴重矣。琪時官翰林院侍讀。

徐琪扶病謝恩

光緒己亥，南書房翰林徐琪於五月三十日奉諭召見，扶病奏對。歸後病劇，連日未能入直。六月十四日由翰林院侍讀遷右春坊右庶子。其《南齋日記》是日記云：「未入直，報子來，知奉硃筆：『徐琪補授右春坊右庶子。欽此。』自惟譾陋，前日仰蒙召對，未及半月，又荷超擢。君恩祖德，不知所酬。明日當扶病陳謝。」十五日日記云：「五點鐘起。病甚，行一步即腿痛。因坐而著衣履，令二人扶至廳事。家人又阻之。琪曰：『假使出軍臨陣，豈亦畏此耶？』因奮臂上馬。奇極！一上馬，便不痛。行至宣武門，因數日不進食，眼花氣促。乃就一肆中少息，然後再騎至靈清宮，坐一大石上又息；再騎始至福華門。二內監扶掖至舟，登岸至齋，又少坐。再登舟至瀛秀門前，晤立豫甫侍郎。稍停，傳宣，兩內侍猶掖琪至瀛秀門。琪令其勿扶。趨入，至儀鸞殿前。時皇太后已升殿，御座仍在中扉。琪望見天顏，即免冠口奏：臣徐琪叩謝皇太后天恩。奏畢碰頭，興，退出。平適如未病時。內監見之，皆曰：妙極！真如未病也。晤軍機王公，仍登舟至齋。又小坐，然後出福華門，仍策馬回寓。今日之謝恩也，實不能出門戶，而竟策騎來往，且跪奏如儀，皆由恩光照耀，祖德神佛保佑所致。欣感之深，益加勉勵。抵家，日已晡，病又劇矣。」一侍讀遷庶子，依階平晉，未為峻擢，而感恩忘病，力疾趨朝，所記情態若揭。至以入朝謝恩，方之出軍臨陣，儒臣之設喻亦頗奇。

咸豐間，號為儒將之唐訓方，於其從征十六圖，記扶病鏖戰事云：「戰，危事也；病，危機也。孔子慎之。至病與戰交危，存亡呼吸，匪繫一身，不慎，有濟？乎江右義寧州有山曰雞鳴，盤鬱雄奇，負城而壁立。其左曰鳳皇，亦倚拔。賊陷州，分據之。五年秋，率師往剿，次乾坑（離城四十里。）賊數迎戰，敗之。抵雞鳴山麓，忽病。賊初怯余銳，至是瞰兵少，殊易余。余度其無戒心也，趣戰，誓以身先。諸將勸少休。余曰：『君等犯矢石，余忍息床褥哉！』遂強起怒躍。族子副將子雲（敏興）扶而馳之。時病熱，面目若火炙。諸將謂余殺氣鬱勃，爭奮呼躡壁，若數百猿猱，騰踔而上。賊驚愕披靡，顛崖墜壑者枕相藉。於是乘銳奪雞鳴、鳳皇山，復州城。嗣州人於其始至地立石，書唐公勝處。感託命歟？眷捨生歟？未敢知。嗟夫！世非無瀝血誓師，翼戡大亂。而見危氣沮，藉云持重。顧謹慎如武鄉，至食少而仍冒危難，何也？」此則真出軍臨陣也。韓超在黔，亦一時名將。其幕客空六居士所撰《獨山平匪記》（咸豐四年事。）記其事有云：「起身之日，率精勇八十八至關廟行禡禮。叩拜畢，祝曰：『韓超此去不怕死，只怕病；病則難辦事矣。願帝君保佑不病，以救萬民。』說到難辦事句，聲淚俱下。戶外眾勇聞而感動，齊聲高叫白：『我等皆願與公同死。』喊殺而出。」此乃一出軍臨陣而怕病者。然與訓方所記，均足令人讀之神往。

魔王梁僧寶

同光間鴻臚寺少卿梁僧寶屢與磨勘，以剔摘嚴苛著聞，為一時所側目，視若大厲，號曰魔王，以磨與魔音同。《隨筆》曾略述之。近閱李慈銘日記，言其事頗悉。因更輯錄，亦科舉之史料也。

同治癸酉，順天鄉試，協揆刑部尚書全慶為正考官，左都御史胡家玉，吏部右侍郎童華，戶部左侍郎潘祖蔭副之。揭曉後磨勘中卷。磨勘官梁僧寶摘徐景春卷之謬。於是景春革去舉人，四考官均降二級，薦卷同考官編修陸懋宗革職。慈銘是年十二月十四日日記云：「下午見邸鈔，以順天舉人徐景春磨勘事，主司皆被議。伯寅降二級調用。伯寅今春以戶部遺失行在印，堂官皆革職留任。向例，革留者再獲處分，即須革任，則官職盡去矣。（按：潘祖蔭革任後，旋賞給編修，仍在南書房行走。未幾，以捐修圓明園賞三品京堂，補大理寺卿，署刑部右侍郎。光緒丙子四月補禮部右侍郎。復官甚速。）……徐景春者，直隸遵化人，中第十九名，為胡左都所取。其策有『七十曰老公』之語。蓋策題問：《曲禮》曰：『七十曰老。』《公羊・疏》引作「七十曰耄』歧異之故？景春讀作『七十曰老公』，以羊疏為人名。此固可絕倒。然近來鄉會中式如此類者，不可枚指。北五省尤十之七八。房官主考既例不著策，磨勘者亦不及之。此次房官陸編修懋宗以私屬磨勘官鴻臚寺少卿梁僧寶。梁素愎，即以徐卷摘出之，曰：『公羊二字拆開』。禮部侍郎黃倬欲繩以例，則徐當斥革，考官皆當嚴議。全協揆私請禮部，於是禮部議上：『徐斥革，陸降一級、留，主考罰俸。』朝廷下吏部核議。尚書寶鋆性忮；又以其子被放，怨主司。欲擠全而奪其位。（按：全慶降後，寶鋆旋擢協揆。）郎中某者，夙與諸侍郎不平；遂據律爭。童潘兩主司皆吏部侍郎，（按：祖蔭兼署吏左。）顧無如之何。因為駁議移禮部；禮部乃更議以上。而諸公皆左降矣。順天比歲科場多故。庚午解元李璜綸及第二名、第十六名皆以抄錄舊文雷同斥革，主司房考亦皆議處。（按庚午：第十六名為張佩綸，辛未連捷入翰林。李記稍誤。又陳康祺《郎潛紀聞初筆》云：「北場鄉試……庚午十八魁中以錄舊自請注銷者四人，解元李璜綸與焉。亦所罕見。」）京師首善，屢厄文場，亦非佳兆也。」蓋深不以僧寶為然。而於給事中郭從矩上疏為景春訟冤亦痛斥之。

其十九日日記云：「郭為徐訟冤，引乾隆二十五年上諭：『考官不得因求免吏議，轉取平庸膚淺之文。』又道光五年湖北舉人張衍豫首場文有『杞棘之荷龍光』句，僅罰停會試一科。其意以分開『公羊』二字較輕於引經誤以『蓼蕭』為『杞棘』也。蓋郭山西人，亦不知公羊為何物，對策為何事。謬種自護，笑柄滋多。輕污臺章，貽羞翰苑。不學之弊，一至此乎！」則僧寶之舉，又似非過當矣。

從矩為景春爭而不獲，翌年復以為言。諭仍不許翻案。惟云：「嗣後鄉會試考官，當認真校閱，不得以空疏之卷濫竽充數；亦不得因字句小疵，將佳卷摒斥不錄，致屈真才。磨勘各官仍當平心校勘，毋得有意吹求。」蓋此事寬嚴得中亦正不易。諭若云：不可不認真，亦不必太認真耳。慈銘甲戌十一月二十六日日記云：「其疏直參禮部侍郎黃倬之倡議從重，梁僧寶之妄事條陳。惟必為徐景春訟冤，謂『公羊』二字拆開是疵謬非荒謬，則不必也。」又光緒乙亥正月二十二日補錄郭從矩疏一節，謂本年三月，分校闈中，因梁僧寶條陳磨勘，有禁用後世語一條。皆兢兢以辟處分為重，試卷有用史事者，概未敢錄。鄉會試為國家掄才大典，必須取博通經史之人，異日方期有用。若有心規避，以為去就，恐天下之士皆可置史書而不讀，於造就人才之道，大有關係。至梁僧寶所陳各條，如磨勘官於所分各卷，均須簽出疵謬數處。持論甚屬不通。豈有考官所中試卷必須有瑕可摘以為磨勘地步乎？抑實無疵謬，而磨勘官必當吹求周內，故入人罪乎？僧寶亦上疏聲辯，謂其誤會。

是科癸酉江南鄉試正考官為左副都御史劉有銘，副考官為編修黃自元。亦因中卷磨勘被糾而獲咎。有銘自元均降二級，薦卷同考官朱泰修革職，舉人楊楫斥革。與北闈正同。慈銘甲戌正月二十五日日記云：「楊楫卷為黃編修所取，其五經文皆集各經傳成語。《春秋》題為春王正月。其文雜湊不貫。有曰『歲云秋矣，春者何』？磨勘官梁鴻臚僧寶摘出之云：『文不副題，多作不可解語。應嚴議。』磨勘大臣寶鋆遂簽批云：『雜湊成篇，文理紕繆。』侍郎夏同善等力為調解而不得也。禮部照文體不正例議以斥革，主司降調。」是發之者亦僧寶也。楊楫無錫人，中式時年甫二十，已經文弄巧成拙失之。其晚年所作七十自述有云：「癸酉舉於鄉，坐師為南皮劉緘三先生有銘，安化黃覲虞先生自元。房師為海鹽朱鏡香先生泰修。北上，道出泰安，遇定遠何小山同年維楷，為言磨勘被議事，幸能不以為意。曾作遊泰山詩百韻以見志，仍兼程進。至京邸，同人麇集相慰問。知已經藝襲用成語，為議者所持。訾為不成句讀。益用坦然。朱酉山編修福基，王莘鉏農部緯兩先生咸以大器目之，竊自愧悪。以余方及冠，即未青一衿亦尋常，稚子縱不能文，意不如議者之所稱也。旋以原名應試。是年秋再入郡庠。學使為長樂林錫三先生天齡，有靜氣迎人之譽。會德宗登極，起用廢員。單列千餘人，圈出者僅十有一，而黃先生以檢討用，朱先生以知縣原官送部引見，皆得與其列。亦可見當時公論之所在矣。」榗二度入泮後，己卯得優貢，未能光復舊物也。有銘降二級調用之前先升二級，即緣順天鄉試磨勘案左都御史胡家玉既降調，翌日以刑部左侍郎賀壽慈升補，有銘則遞補壽慈之缺。甫月餘而江南鄉試磨勘案處分發表矣。又閱三月授太常寺卿，遂以是終。視前官猶為左遷也。

甲戌二月初八日上諭可僧寶所奏：「磨勘鄉試中卷，應議過多，請飭申明定例。」並以所擬十一條交禮部議。慈銘是日日記云：「十一條皆極瑣屑。如承題必用『夫』、『蓋』、『甚』、『矣』字，起講必用『且夫』、『今夫』、『意謂』字，尤為可笑。文中禁用後世語，異教語。雖非無理，而奉行之過，必至抉擿六經。且金銀伏臘之流，何由分別古今，甄綜內外？勢將盡禁古書而後已矣！梁僧寶者，廣東人。本名思問，咸豐戊午中順天鄉試第三名。是科文題『吾未見剛者』，其文中二比以乾坤分股。士林傳為笑柄。未幾，科場事發，梁卷中疵繆百出。自計必被議；遂逃歸。幸而得免。次年入都，乃改今名，竟連捷，為庶吉士。改禮部主事，入軍機處，由御史至今官云。」亦足見魔王不理於人口之一斑。慈銘論其條陳處，可與郭從矩疏合看。

光緒乙亥，僧寶磨勘順天鄉試中卷，又多所簽糾。御史周聲樹以逞臆行私劾之。諭命復勘，大臣察核具奏。慈銘九月三十日日記云：「梁僧寶此次磨勘順天卷，於第一名張彭齡五策簽云：『十不億一。』向例，策問十不對五者，罰停一科，是應議也。又主考同考批語一手所書，是違例也。同考於卷面不親書薦字亦違例。其餘提出疵病甚多。然聞禮部司官言，批出一手，薦字不書，近來習為固然。至鄉會試五策十不對一者不可勝數，順天尤十人而九。惟彭齡之策，五道皆直譽題目而加一結語，太覺可笑。梁之所議，不得為苛。且有某卷於經題『夾谷』誤書『夾各』。梁簽云：『此非尋常筆誤，惟其文尚暢滿，應免議。』又有某卷經文破題用『胸羅武庫內』。如某卷首題文有『以全後進』句，簽作『全字費解』之類。使通榜盡歸其磨勘，必使人人被語，梁亦未簽出。是尚未為已甚也。聲樹疏言僧寶所分七卷，每卷皆簽，簽皆應議。率皆深文周議而後止。又乾隆五十九年順天前十本進呈時，有姚宋才等三卷，經軍機大臣奉旨校閱，簽出疵膦。是張彭齡卷果有疵，進呈時亦必難逃聖明洞鑒。乃梁僧寶仍多方摭拾，是以欽定之卷尚為未能允協也。嘉慶五年，御史辛從益以批抹試臣策題，仁宗傳旨申飭，撤出磨勘班。今梁僧寶意存傾陷，較辛從益殆又過之云云。」又是魔王一場是非。復勘大臣寶鋆等覆奏後，諭謂僧寶所簽不無是處，惟科場文字無關弊竇者，自應從寬免議。並誡嗣後磨勘者務當一秉至公，不得含混塞責；亦不得有意吹求，致形苛刻。慈銘十月二十一日日記云：「原奏頗列僧寶之苛刻；且謂主考房官批出一手，各省久沿為成例，僧寶曾充丁卯順天房官，不容不知。乃援引同僚代判文案之律，意欲比照加重。是周聲樹所糾，不為無因云云。」僧寶以見惡於時，集矢者眾，不自安。因引疾開缺。慈銘二十九日日記云：「聞寶崟等覆議磨勘，本欲嚴劾僧寶。後知聖意不然，始援嘉慶五年御史辛從益，戴璐撤出磨勘班為比，而詔旨又不同。蓋兩宮以僧寶重慎公事也。故僧寶此疏有粗諳舊典，未達時趨，及訓其不逮，保其孤危之語。」於是魔王去矣。辛從益者，嘉慶時號為魔王。其疏論闈藝中笑柄，《隨筆》前亦略述之矣。更早，則乾隆時御史朱丕烈亦有魔王之號。皆磨勘官之以辣手著者。

徐賡陛善為公牘

庚子之變，西后諭各省仇外。時李鴻章以首輔督粵，資望最高。山東等省督撫電詢其意見。鴻章覆電，謂此亂命也，粵不奉詔。語至堅定。風聲所樹，關係時局甚大。其未至全國糜爛，此電實與有力。電文之屬草者為徐賡陛。賡陛籍浙江烏程，死難江蘇巡撫徐有壬之族人也。負才氣，善為公牘。嘗以候補通判宦粵，權南海等縣，精幹而著酷吏之名，因案褫職，後開復，發山東署黃縣。與長賡並稱為南北虎吏。長賡官山東，由蘭山知縣至按察使，亦以酷著。鴻章之粵任時，或以賡陛薦。鴻章方欲以峻法治盜，聞其名，即曰此人吾知之，甚可用。俾以毒攻毒也。遂招之入幕焉。梁啟超《李鴻章》云：「李鴻章之督粵也，承前督李瀚章、譚鍾麟之後，百事廢弛已極。盜賊縱橫，萑苻遍地。鴻章至，風行雷厲，復就地正法之例；以峻烈忍酷行之，殺戮無算。君子病焉。然群盜懾其威名，或死或逃，地方亦賴以小安。」所擬文稿，鴻章每稱善，故令司要牘。迨鴻章北上主和議，挈之入京。賡陛頭銜時為道員。自揣和議成後，敘勞當可簡補實缺。然其為人，傲兀自喜，好以盛氣陵同列。由是見憎。鴻章又嘗舉其某稿語其儕輩曰：『汝曹亦能為此耶？』眾益不平。會鴻章逝世，乃為人所抵排，未償實缺之願。後需次南京，任鹽務差。抑鬱無憀，以流落江南自嗟。未幾遂卒。

賡陛在魯撫張曜幕時，代曜草〈請海疆自效疏〉有云：「臣自揣庸愚，本無遠略。惟軍務久定，宿將漸稀。每念西征舊侶，如金順、善慶輩以次凋零；而水師統將如彭玉麟、楊岳斌等亦相繼淪謝。將才寥落，後起少閱歷之人。臣四顧徬徨，中夜興嘆。感餘生之遲暮，驚歲月之如流。欲求國家磐石之安，當作牖戶綢繆之計。臣今年五十有九，精神視聽，雖謝曩時；然及此涉歷風濤，馳驅戎馬，膂力尚健，猶可支持。若再荏苒數年，則亦老將垂至。時迫衰邁，雖欲赴湯蹈火，終虞智竭神昏。則虛擲光陰，上負君國。舉念及此，寢饋難安。臣固不敢存畏難之見，自即便安；亦不敢懷竊祿之私，苟且充位。伏願皇上察臣素志，鑒臣愚衷，簡擢賢能，授以山東巡撫重任。俾臣及時自效，周視沿海七千餘里，與各督撫臣講求形勢，延攬人才。臣當北戴斗極，察拱衛之藩維；南浮滄溟，辨要荒之戎索。庶竭駑鈍，上報恩知。」疏未拜發，適聞臺灣巡撫劉銘傳開缺。曜遂上〈請效力岩疆疏〉，亦賡陛代草。謂「臺灣一隅，孤懸海東，與閩浙粵東有輔車之勢。我朝經畫，歷數十年始得平定。既為各省之屏蔽；又為各國所覬覦。況今輪船飈速，防備之難，尤非往昔可比……臣伏念故大學士松筠在兩江總督任內，自請治河。於陝西查辦事件，請赴新疆辦賊。時年將八十，猶復忠勇激發，奮不顧身。臣竊慕之。今臺灣內撫生番，外固封守，宜用練習軍務之員。臣才識雖極庸愚，惟久歷戎行，粗習師旅，年雖六十，精力未衰。若蒙聖恩簡派署理臺灣巡撫，臣當殫心區畫，妥慎經營。仍俟朝廷簡定謀勇兼優重臣，畀以實授，……山東幅員雖較臺灣為大，而臺灣事任實較山東為難。臣是以披瀝血誠，冒昧上請。」兩疏均能表出烈士暮年，壯心未已之精神。

曜旋卒官。賡陛又代布政福潤草奏報之疏，謂：「撫臣自雒口□次遄歸，即居辦公外室，故得疾以迄易簀，始終在簿書填委之中，未嘗一至內寢。身後蕭然，一如寒素。附身附棺，由奴才妥為照料。官民淒感，相向失聲。良由儉德清風，實足令人感慟也。其生平戰伐政績，久在宸鑒。惟故撫臣宅心精白，篤志忠貞。自守極嚴，而不惜巨資以養將士。待人極厚；而不屑居積以營身家。察吏則明而不刻，期養其廉恥之心；治軍則恩以濟威，務作其忠義之氣。課士則講求實學，為國家儲有用之材；臨民則周悉輿情，使閭閻無不達之隱。且復頻年辦賑，全活百萬生靈。是以政聲所被，婦孺知名。至誠所孚，官僚受範。而以時方多故，將帥凋零。每惓惓於東北根本之區，江海形勢之要。畫圖百本，必極其精；搜訪群材，必拔其萃。此古大臣忠純之詣。奴才從事最久，相知最深。茲遽淪亡，殊深感痛。」亦極摯切動聽。

曾國藩奏報克復金陵有云：「宮禁雖極儉嗇，而不惜巨餉以募戰士。名器雖極慎重，而不惜破格以獎有功。廟算雖極精密，而不惜屈己以從將帥之謀。」賡陛此稿中「自守極嚴」等語，蓋與之同一機杼。

咸豐間，曜以戰功不數年由佐雜微員，超擢至河南布政使，行躋督撫矣。同治初元，忽為御史劉毓楠劾以目不識丁，奉旨改總兵。後以從征西陲立功，由記名提督授廣東陸路提督。比西事告蕆，左宗棠為奏辨目不識丁之誣，稱其文理斐然，請改用文職。至光緒十一年始補巡撫，先撫桂，未之任，改魯撫。十六年卒。距咸豐十一年為河南布政使時二十餘年矣。由文改武，曜所引為憾事。即取「目不識丁」四字鐫為小印，用以自警。

賡陛為曜草遺摺，謂蒙穆毅皇帝深恩，改補總兵。則立言之體應爾，不能涉於怨望也。曜改總兵後，又嘗以心懷怨望，養賊貽患為言路所論。下豫撫吳昌壽確查。昌壽以張曜由佐雜蒙思，拔至二品大員，具有天良，何敢如原奏所云，以改用總兵之故，心懷怨望等語覆奏。梁溪坐觀老人《清代野記》云：「劉御史後為知府被劾歸，貧無聊賴，乃與勤果通殷勤。勤果歲必以巨金貽之。其報書則鈐以『目不識丁』四字小印，亦謔矣。」毓楠劾曜，而如《野記》所云，後乃對曜另作一副面目。厚顏一至此乎？

光緒後期之親貴政治

毓朗受知善耆，以鎮國將軍任崇文門稅差，獲保五品京堂，候補鴻臚寺少卿。復以工巡局保案，以三、四品京堂候補，乃遷光祿寺卿，旋擢內閣學士，巡警部左侍郎。後因襲貝勒，辭侍郎，派御前行走宗職。歷官京堂、卿貳，為同治以來所創見。其弟《涖德筆記》云：「余兄之任鴻臚寺少卿，殊遇也。咸豐以前，天子當陽，用人無方，各將軍多由授職時即以侍衛授之。不久，文補閣學；武任將軍、都統、副都統。出任封疆者有之。自恭親王攝政，一守成例。凡簡自帝心之舉，均無從出輔之者。漢大臣不滿事；滿大臣又不欲干涉宗室事。遂自同治元年迄光緒十三、四年，無以授職後任事者。王公子弟，定不能就部曹為小吏，又少奧援，俸屢扣減，不足以糊口。多有宵小引入地痞之流；包庇匪人，以謀生計。良懦者不堪其苦。人遂謂將軍為一種無告之民矣。今肅邸善耆既授職，無所事事，乃力圖之，始得授侍衛。後遂有繼之者。然文職無之。文職之授，仍肅邸之力，余兄為之先導焉。」頗致憾於奕訢之恪守成例，不為王公子弟營仕進。然自光緒末葉，宗室爵職任文階之風既倡，馴致親貴爭獵膴仕擅政。漢官既憾滿人之排漢，滿官更憾親貴之排滿，而清祚卒亡於親貴政治。作俑之效可睹矣。《述德筆記》作於清亡後之王公子弟，而仍作爾許沾沾自喜語，是可異也。至所述王公子弟不獲任事之苦況，及入於下流，誠為事實。蓋人數日多，置頓自鮮善法耳。

清末，親貴競居政地。論者咸斥其非。而辛亥三月汪康年於《芻言報》為之說云：「各報甚不以貴族握權為然。此說是也。顧謂不居要任，可常保貴族之尊榮，則殊未然。蓋吾國有一極奇現象，即無論親王之尊，苟不當權，則人視之若無睹；幾至並其人之生存與否，而亦不之知。至平常世爵，更無論矣。絕無人以其為親王、為貴族而有敬仰之意也。漢人得爵者寥寥；然亦不足動觀瞻。假使百十人之聚會中，有五等之爵，人亦只平平視之，不覺其特異也。此事各國均不然。惟無尊榮於彼；乃不能不爭權勢於此。殆亦有所迫而然歟？」此似為當時親貴辯護之詞，卻未嘗無理。親貴不居要津，不為人所重視，事實良然。我國封建制度廢除最早，平等觀念久入人心。非各國之比。故世爵之流，或緣天子之私親；或借祖先之餘蔭，特有頭銜異於齊民，而不必即邀社會之欽重也。不重貴族與極重機會平等之科第，意義正相發明。爵位崇高，體制尊嚴之親王，人視之若無睹；門閥無聞，貧無立錐之寒士，一舉成名天下知。皆平等精神之表現。此類陳跡，難於號為文明先進之列強求之。

奕訢以皇叔輔政，為樞垣之長，本非有清恒制。慈禧挾慈安創垂簾聽政之局，不得不假以自重，而親王領袖政府，遂成慣例。迄清之垂亡，其間惟榮祿以獨蒙慈禧殊寵，曾為軍機領袖耳。奕訢為政，頗持大體。其守成例以裁抑貴族，亦具深心。自辛酉至甲申，當國二十餘年，（同治朝雖迭受后帝挫折，而政權旋復，不為中斷。）西后奢縱，每陰沮之。以負重望，不果罷斥。甲申，以中法釁起，乃將樞臣全班撤換，實亦以紓對奕訢之積憤也。

與奕訢同出軍機者為寶鋆、李鴻藻、翁同龢。惟翁同龢處分最輕。其是年三月日記，略紀其情形。初八日云：「今日入對時，諭及邊方不靖、疆臣因循，國用空虛，海防粉飾，不可以對祖宗。臣等慚懼，何以自容乎？退而思之，沾汗不已。」初十日云：「軍機起一刻，醇親王（按：召見軍機頭起奕譞二起也。）……頭起匆匆退，而四封奏皆未下，二起三刻多，竊未喻也。」十二日云：「前日封事總未下，必有故也。」十三日云：「御前大臣六部等滿漢尚書一大起。軍機無起。聞昨日內傳大學士尚書遞牌，即知必非尋常。恭邸歸於直房辦事，起下傳散，遂詣書房，詣達未來，余等先入。已而伯王到，余即退。聞有硃諭一道，欽奉懿旨……（按：係節錄罷斥樞臣語。）等因，欽此。是日未正一刻退，退後始由小軍機送來諭旨，前後數百字，真洞目怵心矣。焚香敬告祠堂，省愆念咎，無地自容。」十五日云：「張子青來，始知前日五封事皆為法事（盛煜趙爾巽、陳錦延茂二件——編者按此為翁同龢自注。）惟盛煜則痛斥樞廷之無狀耳。今日始發，並劾豐潤君（按：張佩綸也。）保徐延旭之謬。又牽連及於高陽之偏聽。」此為當時政局一大變。盛煜有促成之力。奕訢去而慈禧益得肆志矣。

張謇《自訂年譜》於是年有云：「聞盛煜嚴劾樞臣，並及兩廣總督張振軒，朝局一變。時恭親王秉國，高陽李相國為輔。高陽又當時號為清流者之魁杓。自煜劾罷恭邸高陽，政歸醇親王、孫毓汶輩。自恭王去，醇王執政，孫毓汶擅權，賄賂公行，風氣日壞，朝政益不可問。由是而有甲午朝局之變；由甲午而有戊戌政局之變；由戊戌而有庚子拳匪之變；由庚子而有辛亥革命之變。因果相乘，昭然明白。以三數人兩立之恩怨，眩千萬人一時之是非。動機甚微，造禍甚大。經言治國平天下始於正心誠意，是固儒者事矣，故談朝局國變者，謂始於甲申也。」是推論此次政變之關係者，蓋不為無見。尤要者，乃在慈禧之因以無所忌憚，為釀禍之源也。

林紓《鐵笛亭瑣記》云：「恭邸之去位，盛煜成之也。時濟寧當國，諂事醇邸。嚴旨黜恭，以禮王世鐸，閻敬銘、張之萬、孫毓汶代之，醇邸總其成。豐潤張佩綸素以直稱，在廣座中啟醇邸，謂恭王動望繫中外，不宜置散地。醇邸亦感動，將入告。忌者謂張有意眾辱王，醇邸怒，事遂寢。於朝事浸不可問，而張亦以事論謫。」張佩綸之說奕譞，可代表當時清議派一部分主張。惟紓所述有欠分曉處。濟寧云者，即孫毓汶也。奕訢罷後，毓汶乃入軍機，何先有當國云云。奕訢既開去一切差使，慈禧銜之甚。

是年十月初十日為其五旬慶典。翁同龢九月三十日日記云：「聞醇邸懇請准恭邸豫祝嘏班聯，天語已允。次日乃傳旨將醇邸申斥。」十月初十日云：「前數日醇邸面求賞恭親王與祝嘏之列，已俞允矣。次日傳旨申飭醇親王，仍不准恭王隨班晉祝。其對奕訢之意態如此。縱初罷時奕譞敢代乞恩，更當飽受申飭耳。」又同龢三月二十四日日記，謂是日總署遞摺凡六條，請以樞臣兼總署，意在恭邸，而未敢顯言。有夾片撤去。醇邸見時，上意切責總署，以為非恭王不能辦。傳旨申飭，尤可見矣。奕訢既開去一切差使，沉冥十年，至甲午中日之戰始再起。以時局危岌，言者爭請起用，而初猶靳之。同龢是年八月二十八日日記云：「余與李公（按：李鴻藻也。）同入，皇太后、皇上同坐，……既而與李公合詞籲請派恭親王差使。上執意不回。雖不甚怒，而詞意決絕。凡數十言，皆如水沃石。」時光緒帝雖已親政，而是日后、帝同召見。此上字蓋仍指后，觀上文諭話可辨也。奕訢起於久廢之後，頗惴惴持盈，權勢不逮當年。戊戌卒。未幾，即有慈禧再出訓政之事。

奕訢獲咎

甲戌奕訢之獲咎，蓋以爭重修圓明園事為主因。翁同龢七月十六日日記云：「蘭蓀前輩云：『擬具一疏，樞廷、御前及余輩同上。』」十七日云：「蘭蓀〔云〕昨事擬定，彼兩處聯銜，余等不列。凡六條。以去年正月二十五日召對時余未與，而王君又新入直者也。」十八日云：「辰入，坐刑部朝房。是日御前大臣、軍機大臣同請對，凡十刻始下。引見畢，午正一刻矣。偕蔭軒詣紹彭處飯。蘭蓀來，具述廷爭語，上意深納，惟園工一事未能遽止。為承太后歡，故不敢自擅，允為轉奏也。」二十九日云：「辰入，至昭仁殿廬。聞軍機、御前合起已下矣。仍上午初一刻。忽傳旨添臣龢一起。隨至月華門，見諸公咸在。略坐，問上意如何？緣何事召對及小子？則云：大抵因園工責諸臣何以不早言，並及臣龢此次到京何以無一語入告。』午初三刻，隨諸公入對。上首責臣因何不言。對曰：此月中到書房，才七日，而六日作詩論，無暇言及。今蒙詢及，即將江南民所傳一一詳述，並以人心渙散為言，語甚多。上頷之。其餘大略詬責言官及與恭醇兩王反復辯難，且有離間母子，把持政事之語。兩王叩頭，申辨不已已。臣龢進曰：『今日事須有歸宿。請聖意先定，諸臣始得承旨。』上曰『待十年或二十年，四海平定，庫項充裕時，園工可許再舉乎？』則皆曰：『如天之福，彼時必當興修。』遂定停園工、修三海而退。凡五刻。（連前次共十二刻多。）同至軍機處擬旨，後同閱斟酌畢，坐內務府朝房飯，軍機處備遞摺後留覽。申初硃諭一道封下，交文祥等四人。余等即退出。微聞數恭邸之失，革去親王世襲及伊子載澂貝勒也。文祥等請見，不許。遞奏片請改，不許。最後遞奏片云：『今日促散直，明日再定。』申正二刻，停園工一件述旨下，無更改。遂出，訪蘭孫談，硃諭有「諸事跋扈，離間母子，又有欺朕之幼，奸弊百出，目無君上，天良何在』等語。皆傳聞，未的也。硃諭：崇綸、明善、春佑均改為革職留任。（按：崇綸等係內務府大臣，以李光昭報效園工木植欺妄案革職。）」一八月朔云：「清晨拜祠堂，出門謁客，送李若農，談鐘鼎古文奇字，不覺久坐。巳正歸家，則蘇拉送信被召，急馳而入，已散門矣。至內務府朝房請蘭蓀出，告以故，並問須請處分否？本無書房，不請處。即出。是日本四起：一軍機，一錢寶廉，一寶珣，兩人請安請訓者也。一六部堂官及閣學。俄頃撤錢寶廉及六部起，添召軍機、御前及臣龢。龢既未至，待良久。比入，則兩宮皇太后御宏德殿，宣諭諸臣，念恭親王有任事之勤，一切賞還。上侍立，亦時時跪而啟奏。三刻畢，並諭李鴻藻傳諭臣龢，講書當切實明白，務期有益。明發一道，復恭親王世襲罔替，及伊子貝勒。」

李慈銘八月初一日日記云：「聞之道路，二十九日辰刻，已升魁齡為工部尚書，崇綺調禮部左侍郎，志和內調戶部右侍郎，綿宜調工部左侍郎。上忽震怒，召軍機、御前王大臣等，諭以恭親王無人臣禮，當重處。遂朱筆盡革恭王所兼軍機大臣及一切差使，降為不入八分輔國公，交宗人府嚴議。王大臣等頓首固請，上不顧而起，即以所革恭王差使分簡諸王大臣，復崇綸等三人官，收回魁齡等升調諭旨。及未刻，閩中急奏至，按此下有若干字塗去。乃復恭王軍機大臣。三十日朱諭故有加恩改為云云。今日宣皇太后懿旨，盡還恭王父子爵秩矣。又聞上將以前月二十日復閱園工，十六日，軍機大臣恭王，御前大臣醇王等合疏上言八事：曰停園工，戒微行，遠宦寺，絕小人，警晏朝，開言路，儆夷患，去玩好。詞極危切。俟上出，伏諫痛哭。文相國至昏絕於地。其疏草出於貝勒奕劻；潤色之者，李尚書也。上大怒，醇王三進見，以死要上下停園工手詔。上益怒。今日先有朱諭：盡革惇王、恭王、醇王、伯王、景壽、奕劻、文祥、寶鋆、沈桂芬、李鴻藻十八職，謂其朋比，謀為不軌。故遍召六部尚書、侍郎、左都御史、內閣學士，將宣諭。兩宮聞之，亟止上勿下。因出見軍機大臣、御前大臣，慰諭恭王，還其爵秩云。」

參看翁、李日記，此事原委，可見大凡。轉園雖由太后，而園工實出西后之意。廷臣、言路抗爭甚力，得罷園工，而西后意終不快。帝遂激而出此。離間母子之語，帝蓋有隱痛焉。軍機、御前合詞切諫怠政嬉遊，帝不能從，反觸其怒。是年十二月帝即逝世矣。疏中絕小人一事，或即暗指弘德殿行走王慶祺。初約師傅聯銜，既而不列，殆亦以此歟？

清帝退位後猶於舊臣予謚

清室退位後，對於舊臣猶嘗屢有予謚之舉。如瞿鴻禨之謚「文慎」。或謂「慎」字蓋對以暗通報館，授意言官，陰結外援，分布黨羽被劾譴之曩事隱為昭雪也。郭曾炘謚「文安」。請代謚此者有道光朝之何凌漢。李元度《國朝先正事略》云：「國朝有得此謚者，後皆追奪。二百年來，至公乃蒙恩特謚。異數殊榮，盈廷驚聳。始悟聖主知公之深，眷公之篤，迥越尋常。甚嘆異焉。」所云清初謚此者，蓋指順治朝之王鐸、張端也。清制：閣臣及翰林授職者，始得謚「文」。非是而得之者則為特典，非故事。曾炘為光緒庚申翰林，然以庶吉士散為禮部主事，未獲留館授職，例不應謚「文」。「文安」之謚，亦不循舊格。于式枚與曾炘為同年翰林，係由庶

常散為兵部主事，得謚「文和」事，亦猶梁鼎芬予謚「文忠」。……[11]

吳薌厈記飛車失實

航空事業，近年各國銳進，蔚為大觀。軍事上尤以飛機為利器，將來之進步當有更有驚人之成績。偶閱吳薌厈熾昌《續客窗閒話》，有一則云：機巧之法，盛於西夷，緣彼處以能創新法取士；欲官者爭造法器，窮工極巧，愈出愈奇。不第供耳目玩；且有切於實用者。如火輪船以薪煮水，以管束烟，焮其機輪，迭相催轉而行。奇矣！然以小物喻之，不過如我國孩童所作走馬燈法耳。悟其理為之不難。惟「飛車」御風而行，「能渡弱水三千」。聞諸古而未見於今；乃竟有目睹者。

[11] 原稿下缺。

魏地山明府語予曰：「丙午謁選在都，九月上旬偶出厚載門鼓樓前，見通衢無數人咸翹首跂足仰望，鬨詫異事。予因隨眾所指處矚見半天一物，如舟無楫，如車無輪，長約三四丈，寬丈餘。蓬蓬然四圍如有旗幟，距地數十丈，看不甚明。由東北來，盤旋若鳶翔。忽墜下洋銀十餘，人爭拾之。未幾，往西南迅逝，小如一葉，又如一星，轉瞬不見」。說者曰：「此飛車也，泰西所製，車中人以千里鏡窺覘下方，城郭人民，歷歷在目矣」。或曰：「他國有如是奇器，恐其後以數千輛載卒數千人，飛入都邑，將不能禦，亦不及防，城郭守具皆無用矣。豈不殆哉！」薌厈曰：「否否！此物藉風而起，順風而行，如我國之紙鳶，有大至丈餘者，非大風不能起。風微即落。夫紙竹至輕之物，尚不能收放自如；況笨重如車耶？起即非易，收亦甚難。風力稍偏，即不能如意起落。況我軍亦有轟天炮火器足以仰攻耶！君勿作杞人憂也」。此書成於光緒乙亥（公元一八七五年），所指丙午為道光二十六年（公元一八四六年），距「西夷」之有飛行器尚遠；而竟預代宣傳。甚奇！其為以訛傳訛，自不待言。所論亦足代表當時一部分智識階級之見解。最妙者西人發明新器之研究，乃同於我國之舉止，專為做官之途徑，若《儒林外史》中馬二先生對蘧公孫所談，不做舉業，「那個給你官做」者，尤足解頤。

錄癸酉談往

六十年之回顧

六十年前之癸酉，（清同治十二年，公元一八七三年）中日互換通商條約，為兩國成立條約之始。其時中國尚不畏日，而日本使臣副島種臣態度已頗桀傲。五月李鴻章〈復孫竹堂觀察〉書，論覲見禮節之爭，有云：「副島機警英鷙，初八初十兩次照復，目中無人，閱之殊為髮指。所以矯強之由，不過該國近來拾人牙慧，能用後門槍炮，能開鐵路煤礦，能學洋語洋書，能借國債，能製洋銀數事耳。我中土非無聰明才力，士大夫皆耽於章句帖括，弗求富強實濟，被彼一眼覷破，遂肆意輕侮，口無擇言；雖將彼此照會撤回，而使若輩得以嘗試，以後交涉事機，關係非淺。鄙意當時彼即出京，詘不在我，何至起釁？釁既由彼，何至動兵；即使興兵，又何畏此小國！日本在唐宋以前，貢獻不絕，至元世祖往征大敗後，乃夜郎自大。今彼雖與西洋合好，尚無如朝鮮何。豈遽能強壓我國耶」。當時鴻章所觀察中日形勢者若比，中國誠非無聰明才力，而坐令彼能迭施侵凌，以成今日之局面，其為強壓一至如此。往事回思，益增喟痛矣！李書又云：「中國以後若不稍變成法，徒恃筆舌以與人爭，正恐長受欺侮，焦悶莫名」。則今我與彼爭者，仍不外「徒恃筆舌」也。尚何言哉！

中日成立條約之始

是年，日使副島種臣換約後，偕俄使倭良嘎哩，美使鏤斐迪，英使威妥瑪，法使熱福理和蘭使費果蓀覲見於紫光閣，呈遞國書，此亦我國外交上一可紀念之事。我國初猶欲令行跪拜禮，以諸使持不可而罷。御史吳可讀疏請勿責跪拜，以夷、夏之辨為言，著語甚重，頗傳誦一時。蓋天朝夷狄之觀念，為曩者多數士大夫所同。然翁同龢光緒二年（丙子）十一月二十四日日記云：「詣各國事務衙門，諸臣已先至待恭邸來乃同行。蓋所謂前赴各國公使寓所賀年者也。先法國，次口口國，次美國，次德國，次英國，次日本凡六處，皆下車入室，飲酒進果餌，侏離鉤輈，不一而足。吾顏之厚不堪以對僕隸，況朝班乎？」亦深以與外使周旋為耻。可與吳疏合看。庚子以後，士大夫以得外人一顰笑為榮，望東交民巷如天上，視此誠不可同年而語矣。

第二批官費留美學生放洋

曾國藩、李鴻章同治十年奏定選派幼童赴美留學，每年三十名，共一百二十名。第一批於十一年出洋，第二批於十二年繼之，為蔡廷幹等三十人。委員黃平甫帶領；並有自費學生七人同往。五月十八日由上海放洋。

招商局

李鴻章創辦招商局，為其得意之事。是年已略具規模，漸睹成效。其〈復劉仲良方伯〉書有云：「招商輪船實為開辦洋務四十年來最得手文字，兄創辦之始，即藉運漕為詞，各國無不驚服。謂中國第一好事。現僅分運蘇浙漕米歲二十萬石，沾潤較少，製輪船僅五隻，猶可運米三十萬。運米漸增，添船漸多，國計民生均大有裨。委員四人：朱道其昂、盛道宣懷，管理招商運米各事；唐丞廷樞、徐郎中潤管理輪船攬載各事。皆熟悉生意殷實明幹，兄所次第委派者。」徐潤《自敘年譜》是年附記招商局緣起，有云：「同治十二年七月奉北洋大臣李札委會辦上海輪船招商總局，會同唐道廷樞辦理。查該局初由朱雲甫觀察於同治十一年九月奉直督札派充總辦漕務。彼時僅有輪船伊敦、永清、福星、利運四艘，浦東碼頭一處。迨同治十二年五月，李中堂面諭並札林委員槎會同唐景翁與余接創商局。其時名辦事者為商總商董。是年六月，唐景翁乃奉札充總辦，除運漕事歸朱道經辦，其餘勸股添船，造棧攬載，開拓船路，設立各處碼頭由唐道一手經理。又盛杏孫觀察亦於是年七月十八日札委會辦局務。同治十二年，商局招股，擬招百萬。是年只招得銀四十七萬六千兩。迨至光緒八年，始招足額。」招商局經營之初步於此可見一斑。當創辦之始，頗有朝氣。故鴻章引以自豪。具後以辦理不善著聞於世，為詬病所叢。近國民政府乃從事收歸國營。鴻章之冢孫則緣局事被拘，以待對簿矣。李氏之於招商局，可謂以快意始，以失意終。招商局經此改革，如能蕩瑕滌污，復興而益光大，李氏雖失意，而論及開山之祖，鴻章猶享榮名也。

同治親政

同治帝是年正月親政。兩太后懿旨云：「皇帝寅紹丕基，於今十有二載。春秋鼎盛，典學有成。茲於本月二十六日躬親大政。欣慰之餘，倍深兢惕。因念我朝列聖相承，無不以敬天法祖之心，為勤政愛民之治。況數年來，東南各省，雖經底定，民生尚未乂安。滇隴邊境及西北路軍務未藏；國用不足，時事方艱。皇帝日理萬機，當敬念惟天惟祖宗付託一人者至重且巨，祗承家法，夕惕朝乾，於一切用人行政孜孜講求，不可稍涉怠忽。視朝之暇，仍當討論經史，深求古今治亂之原。克儉克勤，勵精圖治。此則垂簾聽政之初心所夙夜跂望而不能或釋者也。在廷王大臣等均宜公忠共矢，勿避怨嫌。本日召見時業經諄諄面諭，其餘中外大小臣工，亦當恪恭盡職，痛戒因循，宏濟艱難，弼成上理，有厚望焉。」此亦晚請小康時代之一篇吉祥文字。惟帝翌年十二月即以惡疾逝世，親政僅兩年耳。雍正帝之殺年羹堯以「本內將朝乾夕惕寫作夕惕朝乾」列為罪狀之一，謂「直不欲以朝乾夕惕四字歸之於聯耳。」其實「夕惕朝乾」與「朝乾夕惕」，向均通用。清代諭旨中之用「夕惕朝乾」字樣者即屢有之。如此次兩太后懿旨亦正用「夕惕朝乾」。雍正帝羅織及此，良可哂！此種避忌，宮廷中亦不復記憶也。

左宗棠拜相

同治一朝內亂相繼削平，帝親政之前，貴州全省肅清之報新至，故懿旨惟以滇隴及西北軍務為言。是年旋接捷報，雲南全省肅清，甘肅則左宗棠收復肅州，關內肅清。所餘惟嘉峪關外之軍事而已。宗棠以肅清關內之功拜協辦大學士，舉人入閣，所謂異數也。李鴻章〈復邵汴生中丞書〉有云：「肅州之捷，首從悍逆，殲除甚多。邊塞肅清，轄疆從此可登衽席。季帥艱苦經營，煞費心力，金甌竟卜，開我朝二百餘年未有之奇，信乎非常之功必待非常之人矣。」於宗棠拜相，甚致贊嘆。而〈致曾劼剛通侯書〉則云：「左公竟得破天荒相公，雖有志節，亦是命運；湘才如左者豈少哉！」又是相輕之見矣。

翁同龢白話聯

翁同龢為帝師，以丁母憂還鄉。是年尚未起復，未與親政大典。里居，為人題一白話聯，頗有致。其閏六月十九日日記云：梅里張挹泉以所作詩名《箎剩》口口，惜鄙俚可笑，題一聯還之。「你看古今大儒：若邵子、若晦翁、皆能以俗語為文，最妙的鄭所南詩，句句率真，是漁唱山歌道情，偶然出口。」「我贈先生一語，曰慎獨、曰改過，這都要苦功著力，不如那頭陀洹果，空空無礙，須從色聲香味觸法，打個轉身。」同龢嘗居文化領袖之地位，有轉移風氣之力，惟未嘗提倡白話文，且此為遊戲之作也。然大似助白話文張目者。

三學人逝世

王闓運是年七月九日日記云：「得李雨亭書，聞戴子高已死，子高聞聲相思，拳拳見訪，僅得一面；報書恐亦未達。聞其夭逝，為之悵然。」學人戴望及何紹基、吳敏樹均卒於是年。紹基年七十五，敏樹六十九，望僅三十七也。

各國公使覲見禮節

前一癸酉為清同治十二年。是年六月初五日日本、俄、美、英、法、荷蘭諸國公使覲見，並呈遞國書。李慈銘日記云：「是日巳刻，上御紫光閣見西洋各國使臣，文武班列，儀衛甚盛。聞夷酋皆震慄失次，不能致辭；跪叩而出。謂自次不敢復覲天顏。蓋此輩犬羊，君臣脫略，雖跳梁日久，目未睹漢官威儀。故其初挾制萬端，必欲瞻覲；既許之矣，又要求禮節，不肯拜跪。文相國等再三開喻，始肯行三鞠躬；繼加為五鞠躬。文公固爭，不復可得。今一仰天威，便伏地恐後，蓋神靈震疊有以致之也。」此種記載，與吳可讀〈請勿責諸使跪拜疏〉中所謂「彼本不知仁義禮智信為何物；而我必欲其率五常之性。彼本不知君臣父子夫婦昆弟朋友為何事；而我必欲其強行五倫之禮。是猶聚犬馬豕羊於一堂，而令其舞蹈揚塵也」等語，均足見當時中國有名士大夫對外之見解猶若是。吳疏雖云「即得其一跪一拜，豈足為朝廷榮；即任其不跪不拜，亦豈為朝廷辱」。然蠻夷小臣，瞻覲上國皇帝，竟爾不跪不拜，究覺於「天朝」體面上不無遺憾。於是「一種仰天威便伏地恐後」之傳說，遂流播於士大夫間，聊用解嘲矣。所謂虛憍之氣也。距此八十年前之乾隆五十八年（癸丑），英國首次遣使（馬戛爾尼）來華，早為覲見禮節之爭，係以屈一膝定議。劉半儂譯《乾隆英使覲見記》載馬氏自述定議時情形有云：

「余曰：『英使禮乃係屈一膝，引手伸嘴握皇帝陛下之手而親之。』彼等大詫曰：『怎麼！這事在咱們（按：此處語氣，以作『我們』較合；『咱們』則連對方之人在內。）皇上面前使得麼！』余曰：『自然使得！敝使以見本國皇帝之禮見貴國皇帝，已屬萬分恭敬，何言使不得？』言次，屈一膝作行禮之狀示之。三人頷首而去，容色似已滿意，不復如前此之極力喧辯矣。下午，周大人復來言：『已回過相國的話，他說：此時或由貴使逕行英禮，（按此以馬氏曾言：如必令叩拜，須先遣中國大臣向英國帝后像行叩拜禮也。）尚未議妥。當晚半天，可有回音。』余無言。未幾，韃靼欽差又來言：『目下決議，請貴使行英國禮，但照中國風俗說來，拉了皇帝的手親嘴，總不是個道理。擬請貴使免去拉手親嘴，改用雙足下跪以代之。』余曰：『敝使早已說過不用中國禮，這雙足下跪，還不是中國禮麼？此禮，諸位行得，敝使行不得。』金大人曰：『既如是，雙足單足，且不去管它；那拉手親嘴，總得免掉才是。』余曰：『此則悉聽諸君之便。但諸君記著，此係諸君之意見；非敝使之意見。敝使本欲向貴國皇帝行個全禮，今屈從諸君之意，改做個半禮了。』至是，辯論已終。」

所述頗有致，大致當不差。惟中國士大夫間亦傳其行禮時仍是雙膝下跪。陳康祺《郎潛紀聞初筆》云：

「乾隆癸丑，西洋暎咭唎國使當引對，自陳不習拜跪。強之，止屈一膝。及至殿上，不覺雙跪俯伏。故管侍御《韞山堂詩》有『一到殿廷齊膝地，天威能使萬心降』之句。康祺憶穆宗親政後，泰西各國使臣咸請覲見。先自言用西禮折腰者三，不習中國拜跪。通商衙門諸大臣曲意從之。惜無舉前事以相詰責者。」

管氏所詠與李氏所記若出一轍。「天朝」皇帝之「天威」，正自後先同揆也。特李氏記此，未引管詩以助詞鋒，而陳氏與李氏卻又毫無所聞耳。在中國紙老虎未戳破，或未盡戳破之前，外國非無相當之重視，而昔日士大夫間虛憍之傳說，則適遺笑柄也。《郎潛紀聞二筆》云：

「康熙間俄羅斯貢使入京，仁聖令選善撲擊有力者在館伺候。凡俄國一使一役出外，必有一善撲者隨之。俄人雖高大強壯，而兩股用布束縛，舉足不靈。偶出擾民，善撲者從其後踢之，輒僕地不能起。以此凜然守法。」更兒戲之談矣。

惟俗嘗傳西人兩腿天生僵直，不能屈曲。此猶略勝一籌。至貢使云者，則曩者對於外國來使之通稱也。

陳氏惜通商衙門未舉前事以詰責諸使，而此所謂前事，嘉慶時對於英使司當冬實嘗舉以詰責。嘉慶二十一年七月〈賜英吉利國王敕諭〉有云：「特命大臣於爾使臣將次抵京之時，告以乾隆五十八年爾使臣行禮，悉跪叩如儀；此次豈容改異。」言之若鑿然有據。蓋此說不僅傳播於士大夫間也。敕諭又云：「其行禮日期、儀節，我大臣俱已告知爾使臣矣。初七日瞻覲之期，爾使臣已至宮門，朕將御殿，爾正使忽稱急病，不能動履。朕以正使猝病，事或有之。因止令副使入見。乃副使二人亦同稱患病，其為無禮，莫此之甚！朕不加深責，即日遣令歸國。爾使臣既未瞻覲，則爾國王表文亦不便進呈；仍由爾使臣賫回。」蓋一怒而斥逐來使，拒閱表文，而煌煌敕諭帶至英國，卻亦無人閱看。直至薛福成出使英、法、義、比，於光緒十七年正月，尤其參贊馬格理自英外部將此庋置七十餘年，原封未動之敕諭取回。兩均未閱，亦復成趣。

祖洛謹案：《癸酉談往》共八則，皆清同治癸酉年遺事，著者記之於民二十二年，故曰談往。事限一年，篇幅自小，蓋非成卷之作。尋本書體例，凡摘錄他人著作如《見聞瑣錄》、《南齋日記》、《感叩山房日記》、《孤桐雜記》等皆著錄撰人。而此獨無主名，或即師晦先生自撰專篇，而錄之於此歟？未敢必也，附識數語，覽者察焉。

附錄

九君詠

張鶴齡

鶴齡字筱浦，江蘇陽武人。性特達。讀書十行俱下，目精瑩碧，譚組庵亦嘆為非常人也。余自日本歸，擬再往，筱浦強留之，為開辦湖南警察。日夜與論事。筱浦嘗謂人曰：「湖南人好鬧意氣，惟師晦不爾。」翌年，去奉天為提學司，余遂入京師。未數年，筱浦以病卒。

湘人意氣重，謂我頗恢弘。四海論知己，一言求友聲。
遼東悲九月；海上聽殘更。畢竟負先達，白頭無一成。

肅忠親王善耆

善耆字艾堂，亦號偶遂亭主，蒙古人。先世從清世祖入關，以功封肅親王。叔盛昱，滿洲名士，世稱盛祭酒。余入民政部，艾堂為尚書。嘗入見，論文半日。艾堂曰：「三年無此劇談矣。」國變，奔大連灣，依日友以居。未幾薨。一生知己，此為第二。

昔我入京邑，居稽惟此人。深情託毫素，落日照通津。
世亂誰思汝，多才幾殺身。平生知己感，沒世愈相親。

陳衡恪

衡恪字師曾。義寧中丞之孫，散原先生之子也。日本師範生。國變，入京師。湯濟武長教育，將畀以司長；辭曰：「不見任命，乃為佳耳。」或問之。曰：「恐傷父心也。」居槐堂，與人無町畦。余亦罷官，居城外爛縵胡同。相去十里，往返無虛日，不甚求其作畫。劇賞余七絕詩，謂不減厲樊榭。至其所以然，至今未契也。癸亥八月丁繼母憂八日，暴疾卒。

世上誰相識，均言此畫師。鼎移能養志，藝好是駢枝。
人與秋爭瘦，春來鳥不知。只憐頭白友，長憶讀碑時。

范源廉

源廉字靜生，湖南湘陰人。年十餘入長沙時務學堂。與鄭欣謨俱，人均憐其貧苦也。戊戌政變後來長沙，以《清議報》見示。庚子秋，南革北拳，天地翻覆。靜生自日本歸，特訪余，傳梁卓如言，約往日本，為《清議報》主筆。適富有案發而止。又數年，余遊學日本，與靜生交更密。已，聚京師；至國變，余不慊項城所為。靜生入長教育。帝制事起，靜生已往上海。袁死，又長教育。卒為師範學校校長以終。平生謙謹，與人無爭。至於循西哲之言，貿貿然下令廢止學校讀經，聚九州之鐵，不能鑄此大錯，則不能為賢者諱矣。

少日發宏願，中年生悔心。堪為一校長，坐使六經沉。
惜我去官早，如君何處尋。魯連天下士，終不為黃金。

梁煥奎

煥奎字辟垣，湖南湘潭人。孝廉。以病廢為商，華昌公司其所創辦者也。少時無以為炊；中年乃大富，號財神云。然貧富一節，行履素士也。博學多通，以禪自晦。與余交最久，亦殊深邃，其卒也，蓋傷之。

六經無究竟，粹語若為傳，史在青淵後，詩成黃葉前。
目盲猶見影，道大更無禪。再過故人宅，蒼茫一院烟。

蔡鍔

鍔字松坡，寶慶人。日本士官學校騎兵科畢業生。歸湘，充練兵處參議。寶慶回龍岡事發，詞連松坡，知府詳臬司獄，詞為署司使張筱浦所見，火之。松坡得無事。國變，督雲南。余與書論天下事，松坡深以世道人心為憂。來京師，一見袁項城，退而告王隆中曰：「國體必變，余不許也。」然特韜晦，至不敢與余往來，恐袁不憙也。籌安會密計：將以十月雙十節項城出閱兵，由張敬堯擁兵請皇帝即位。項城惡其篡，不許。且曰：「短衣元勳，其奈之何？」翌年二月，余往江南謁馮國璋，適開江南會議，國璋屬余至天津請熊希齡蒞會。希齡以母病辭。於是國璋合詞電袁：勸其遜位。項城疾遂大漸。五月殂於位。未幾，松坡亦卒。

松坡余摯友，博得大名歸。世上風雲展，胸中海嶽飛。
不謀如有約，無事見應稀。一騎衝寒出，王人自此微。

黃興

興原名軫，字覲午。克強，亡命日本時所改名也。十年革命，三月成功；雖以總統讓人，威望實出其上。民國元年正月，余至申江，夜半見克強，謂袁反復小人，不可與提挈，將來大權在手，必不可制。克強曰：「夫何敢！天下共擊之矣。」及籌安會事敗，兩言均驗。壬子十月，克強來京師，余得參其秘要。方初至時，余迎至天津。夜過半，余問曰：「此行亦寧有所深計耶？」克強曰：「君謂何如？」余曰：「以權術鬥權術，雖十克強不敵也。開誠心，布公道；則彼立窮矣。」克強笑曰：「諾。」至京師，項城迎謂曰：「自公『電』至，允蒞此間，外交亦順利多矣。」克強自言：「不習政治，不願作總統、總理；專心在野，為大總統效奔走，天下殆庶幾乎。」居菜廠胡同一月，通過比國借款案、新內閣案，組織內閣政黨，與清室及蒙古王公、北洋軍人款洽，彼輩對克強均無間。項城亦嘗語靜生，謂孫中山自是外交人才，至於擔當大事，非克強莫屬也。十一月克強歸湖南，項城畀以京漢鐵路督辦。其致克強電有「毋再高尚」之語。專使來湘，贈貂皮數襲於其太夫人。既而督辦命下，朱啟鈐故用薦任式以窘之，克強不與校，卒以議權限不協，一怒去上海。翌年宋案出，克強以友仇國難，不惜犧牲一切以赴之。余致克強書，痛論不可以感情談政治之理，春秋所謂貴義不貴惠也。克強不報，交亦遂絕。帝制將裂，楊度以三萬金餉克強，克強乃得自美洲歸。歸謂其黨人曰：「余將以大規模組織強中國。無論何黨派，皆當以友道待之。帝制派尤不必詆。」識者知其言之有因矣。

碌碌遍天下，風雲路孰通。斯人如不死，吾道未應窮。

海上看初日，薊門搖晚風。阿誰堪論事，愁絕大江東。

仇亮

亮字蘊存，湖南湘陰人，日本士官學生。博學多通，愛國如命。當時有仇憨子之目。辛亥國變，蘊存在山西練兵處謀獨立，與吳綬卿通。俄而綬卿見刺。蘊存自山西出，謁段祺瑞於石家莊，通道至南京。臨時政府成〔立〕，與參秘計。翌年，由上海來京師，開民主報館，報固敢言。臨時參政院移北京，專聽之；往往窘政府。項城遷怒於報，遂及蘊存。乙卯夏蘊存忽來京師，人謂蘊存將援自首例請釋罪，蘊存不屑也。頃之，被捕入獄；六月槍決。傷哉！

舉止誠高矣！當時亦自危。西山同詠雪；北道本多麋。
一死真無謂，半生都是痴，太原曾問訊，姓字有誰知。

葉德輝

德輝字煥彬，湖南湘潭人。少年高第，任俠自喜。家饒於財，藏宋元名槧、孤本甚夥。終年刊青，尤精校讎之學。光緒戊戌變法，煥彬著論，以為變法不變人，不值外人一笑。尤詆康南海，所以侮辱之甚至。余作書抵煥彬，斥其好事。從此抵牾，十餘年不相見。民國三年，煥彬以口舌取禍。湖南將軍湯鄉銘必欲置之死。余在京師求柯博士鳳笙救之。煥彬得免於難，遂為友朋焉。然高論放言不少殺，余終慮其不免。以及十六年遂以見害。

故里都無恙，斯人不可尋。抵牾當日事，凄惻此時心。
賓客偷書責，江山似陸沉。長沙作歸計，已嘆錯彌深。

〈大清肅忠親王墓志銘〉有序

王諱善耆，字艾堂。大清武肅親王八代孫也。武肅親王為太宗長子。征四川殺張獻忠，封肅親王。王父諱隆勤謚曰良，妃某氏。隆勤之父為華豐，謚曰恪，妃某氏。華豐之父為敬敏，謚曰慎，妃某氏。皆襲爵為肅親王。王生於同治四年丙寅八月二十七日。少受學於浙江陸蓮生，蓮生即文愍父也。光緒紀元，吳縣潘文勤公以春秋公羊標置京國，門生故吏滿天下，益旁騖金石詩古文辭。宗室祭酒盛伯羲與焉，王從父行也。王善讀書，治道家言，從遊最久，兼通其學。由是以文學雄視儕輩，雖京中貴遊子弟，皆已羨其而忌之矣。

甲午中日戰事訖，王與康有為善，因益周詗四國之故，暨戊戌政變，孝欽頗不喜王，王亦於是年襲爵。自未襲爵前，王已考封鎮國將軍，授乾清門頭等侍衛，管理正白旗漢軍副都統，鑲紅旗護軍統領，武備院卿，鑲紅旗滿州副都統。襲爵後，授御前行走，正白旗領侍衛內大臣，宗人府右宗正，鑲紅旗滿州都統，崇文門監督。崇文門京師稅關也。自開國來，利為親貴專，歲入可百數十萬，繳戶部不及三分之一。王奏派陸文愍弟鍾岱為坐辦。鍾岱綜核才，剔中飽，塞漏稅，盡以入公。終王任，戶部收崇文門稅逾三倍。監督私利，損三倍。諸親貴怒王失厚利，相與騰笑其迂闊。

庚子秋，兩宮幸西安。事起倉卒，太妃病甚，促王扈從。到則派充管理行營事務大臣。崎嶇秦、晉、燕、趙間，所補苴甚多。回鑾後，諸皇室以王與新黨交，皆鐫譏王，孝欽益不喜。浮沉五六年間，雖派充御前大臣，後扈大臣，鑲黃旗蒙古都統，調補鑲藍旗滿洲都統，管理雍和宮事務、理藩院事務，管理巡捕事務，皆閒散差使，無所事事。即管理理藩院時，巡視蒙古歷卓索圖、昭烏達、錫林郭洛、哲里木四盟，亦不過宣上德，示國家威儀而已。時太后春秋高，於邑甚，內庭演劇無虛日。皇室子弟效焉，衣冠登場，習成風氣。王體肥短而聲洪大，愈益與優伶昵，習其高下抗墜之節，口摹心追，形容文雅，有名諸親貴間。孝欽聞之，認為王好弄小人，無大志，怒稍解。會朝廷決立憲，徐世昌出督遼東，授王為民政部尚書。謝恩日，孝欽召見王，厲聲問曰：「善耆！劇更進未？」王叩頭謝無狀，請自今振作。自是益韜晦，不敢有興廢。及其拾遺彌縫，尚為諸尚書所不及。

光緒三十三年六月解散政聞社之命下，懿旨有「此等匪徒，所在皆有」語，京師人士倉皇走，禍幾及縉紳，時王善荃為外廳丞，顧鰲、朱還夜半邀善荃同趨邸謁王曰：「方今朝廷以立憲號召天下，固以聞政為罪耶？此為康雍時，黨獄興，大事去矣。願王有以善其後也。」王曰：「諸君言是也，余亦有意。」明日通電各省將軍督撫，言朝廷寬大，不株連，記勿誤會。事竟得已。當是時，微王言，且興大獄。初，京師有《宮門抄》，自憲政編查館奏設政治官報，海內賢士大夫，爭集金開館首都，數月間至數十家而尚未已。然論文偶忤政府意，請旨交片相隨屬。民政部為主管衙門，動與軍機相齟齬。王不勝其擾，以參議汪榮寶之謀，奏頒〈管理新聞條例〉，陽為干涉，陰實護持。自是罰有主名，希觸刑網者矣。此所謂將欲翕之，必固辟之者也。

丙午冬，民政部左侍郎毓朗襲王爵，例開缺。王保順天府尹袁樹勳繼任。明年正月，鎮南關事敗。某日，民政部值日，孝欽獨召見左侍郎，詢粵東事良久，俾樹勳任發擿。且曰：「毋使善耆知。」故事，部院值日，無獨召見左右侍郎者。王聞之，驚駭，坐朝房。俟樹勳出，執手低聲問其故。樹勳詭詞以告。俄而樹勳巡撫山東。王詫為賣己。然樹勳外吏久，奉孝欽命惟謹，亦無不慊於王也。

光緒三十四年冬十月，先是，皇帝大行，嗣皇未接位。旬日間京師白晝公行劫略，商民損失無算。及正位例有恩赦，綱紀蕩然，官不過問。至是兩宮相繼崩。王嚴飭內外城巡警廳豫求息民保商之術，雖甚碎密，而百姓便之，不嫌於包攬把持。故其時擾而不亂。

宣統元年，監國攝政，王始肯任事。先釐定兩廳官制，汰冗員，增歲薪，裁駢枝局署。行之一年，始就緒。迨二年四月，汪兆銘謀殺監國，伏炸彈於監國趨朝所經橋，旦晚觸之發矣。步軍統領知焉。當是時步軍與巡警不相能。統領烏珍兼民政部左侍郎，監國意以可調護。自兆銘案出，王慍甚，日督兩廳清查戶口，密探蹤跡。未數日，捕得汪兆銘。兆銘固文士，負時譽。王親臨審訊。兆銘從容陳詞，無幾微乞恩意。王且憤且憐之曰：「此書生不曉事，何庸殺也。」飭內警廳看管汪兆銘，不交法部。法部尚書廷傑慍，訴諸奕劻。奕劻顧右王，曰：「唯，余亦以為可不交也。」監國為人亦不勇於殺，而章宗祥、顧鰲、朱還倡為弭亂之策，日奔走公卿間，公言殺一汪兆銘無益，不如留為將來收服地。京師輿論，大贊其議。謂不殺國事犯為東西各國通例。王既取兆銘供詞，將具奏。先一日見監國，首謝奉職無狀，請交部議處。且曰：「汪兆銘文人，不得意，欲殺身成名耳。庸詎知聖神不可侵犯哉！」監國默然良久，曰：「已交法部未？」曰：「未也。」監國曰：「無庸，何必汪某，即如熊成基，陳昭常自不請旨，殺之，非余意也。」王乃盛言弭亂策，兆銘聲名藉甚，貸其一死，未必不為我用。翌日疏上，奉旨交法部永遠監禁。王黎明自內廷歸，至內警廳，啟密室，召兆銘，分庭與抗禮。王曰：「從此改矣乎？」兆銘稱謝曰：「不殺之恩不敢忘，若朝政清明，自當效奔走。否則，不能為一身撓大計也。」王心壯之。兆銘亦面赬然有人色矣。頃之派顧鰲送交法部。廷傑即命加桎梏，且欲置盜犯一室，賴許世英言乃免。兆銘喟然曰：「朝為座上客，暮為階下囚。人之度量相越，豈不遠哉！」於是諸親貴大嘩，謂王通革命黨，其溝黃興由朱還也。蜚語達內廷，監國已疑之。

勝是年九月資政院開，議員與政府協定預算，於現行官制主仿民政部。時雲貴總督李經羲奏請開國會，設內閣，明權責。東南督撫和之，而各省民選請願代表，絡繹於道。秋八月，麇集京師。監國意猶豫。乃召開御前會議。王獨上封奏曰：「參政美名也，而虛惠也。以國會代科舉，足以收天下之人心；以議員代翰林，足以靜天下之民氣；以筆墨口舌之戰，易干戈血肉之爭，消天下之凶器。故曰：國會開，國本固矣。臣愚，以為如所請便。」於是遂下縮短期限之詔。諸代表頌朝廷聖明，獨歸美於王。監國聞而惑焉。恐再召集時，王益有所發攄，或不利於監國。三年六月，調補理藩院尚書，兼弼德院顧問大臣。八月武昌事起，未三月，皇帝讓政，建民國。

王去京師，走榆關，改乘日本兵船奔旅順居焉。曰：「嗟乎！吾不復履民國土地矣。」於是十年，鬱鬱東海濱。時時感憤，若不可終日。壬戌三月二日薨於寓邸。春秋五十有七。妃赫舍里氏，姬四：程氏、佟氏、姜氏、張氏。子女三十七人。長子憲章襲爵。清皇室賜謚曰忠。

王之奔旅順也，依川島速浪以居。川島速浪者，日人，王管巡捕事務時任為高等警官學堂校長者也。王去京師時，獨川島速浪與俱。及至旅順，王無一文錢。川島自庚子來北京十餘年，所積達十萬，感王恩，傾家以給。至王薨後，川島家無餘財矣。然猶給憲章等月費，至於今未息。方徐世昌為總統時，日本公使林權助至旅順致世昌意，勸王歸北京，世昌為償所負。林權助亦慫恿之，王置不答。川島詰責林君，如念故舊，獨不能為之所乎！於是林權助指定旅順官地九千畝由王承領為世產。王既薨，川島送喪至京師，赴廣儲門外架松墳地，親視其窀穸而後歸國，於東京猶開追悼會焉。

王脫略無威儀，工書，成哲王後一人也。邸故在東交民巷，連使館，遭拳匪，焚毀略盡。營新邸，建偶遂亭，自稱偶遂亭王。王生壬秋書額，生故與盛伯羲善，款題世講賢王，受之怡然也。王長民政部時，所識拔多通顯。於是朱還為次序平生，繫以銘，其詞曰：

清錫天演，維肅為良。前武後忠，祖孫相望。貴胄名士，終焉永臧。更生學問，郁華文章。偶遂超然，申老及莊。鵬翼垂雲，鳩搶榆枋。衰宗一寶，愚智為妨。氣高一世，穢跡辟殃。王道其欽，將扼其吭。稅關綜核，民政張皇。愛才靡類，弭亂知方。辟翕取予，其道並張。名為身累，道以時藏。不降不辱，去父母之邦。何人弗死，何國弗亡？白日墮地，無聲有光。東海泱泱，哲人所翔。昔聞箕子，今見賢王。老羈異域，歿返故鄉。九原可作，如何弗傷！天昏地墨，日引月長。不勒貞琘，孰耀聲香。世系爵邑，史傳能詳，我詞無愧，以詔茫茫。

跋

《三十年聞見錄》，婦祖湘潭朱師晦先生遺著也。先生名德裳，自號九還，清光緒二十九年癸卯以第一名入湘潭縣學，食廩餼。是年與善化陳家瓚、長沙楊懷中，湘陰仇亮，邵陽石醉六，安化陶思曾，新化陳天華、曾繼梧，寧鄉廖麓樵，衡山劉揆一，同邑李儻、楊鈞等中湖南官費留日學生之選。東渡習警政，與黃興、仇亮、宋教仁、蔡鍔、范源濂等友善。學成歸國，任清政府民政部警視廳丞參。以文章辭令受知尚書善耆，會汪精衛謀刺攝政王被逮繫法部獄，先生與顧鰲往來公卿間，為精衛遊說；精衛亦竟賴以不死。辛亥鼎革，袁世凱將不利於民國，同盟會人疾之。仇亮辦《民主報》於京師，宣揚民主，而以先生任主筆，先生撰社論〈論社會主義〉，文出，輿論大譁。指目先生為巨怪！先是義寧陳寶箴巡撫湖南，行新政，王先謙、葉德輝、蔡與循等非議阻撓，先生與湘潭易味腴、曹冀亭祖陳氏，力排王、葉，蓋當時之激進者。年五十，休致著述以終。所著書有《續湘軍志》、《諸子系統論》、《管子注》、《六書哲學》、《詩文集》各若干卷，皆未刻印。是書則其晚年回憶錄也。信筆急書，不加點竄，蓋初稿也。公元一九五二年，外舅以先生遺著一巨篋畀余夫婦弆藏，越十有四年而「文化大革命」起，挾書其罪矣。遺稿及余所抱殘缺，悉見抄掠。自十一屆三中全會以後，政策逐漸落實，余家被抄書籍獲返，然放失夥矣。此稿原散佚大半，今為之點校，補其敚文，以方弧識之，改正誤字，以圓弧識之；漫滅殘漏之字，以方框識之；施以新式標點，以便覽觀。又擇其詩文中有關故實者附焉。至先生生平行事，略具內子所為〈先大父事略〉中，亦附卷末（編按：已調整至卷首），學者覽焉。歲在癸亥二月孫婿易祖洛謹跋。

血歷史93　PC0689

新銳文創
INDEPENDENT & UNIQUE

從晚清到民初：
三十年聞見錄

原　　著	朱德裳
主　　編	蔡登山
責任編輯	洪仕翰
圖文排版	莊皓云
封面設計	蔡瑋筠

出版策劃	新銳文創
發 行 人	宋政坤
法律顧問	毛國樑　律師
製作發行	秀威資訊科技股份有限公司 114 台北市內湖區瑞光路76巷65號1樓 電話：+886-2-2796-3638　傳真：+886-2-2796-1377 服務信箱：service@showwe.com.tw http://www.showwe.com.tw
郵政劃撥	19563868　戶名：秀威資訊科技股份有限公司
展售門市	國家書店【松江門市】 104 台北市中山區松江路209號1樓 電話：+886-2-2518-0207　傳真：+886-2-2518-0778
網路訂購	秀威網路書店：http://store.showwe.tw 國家網路書店：http://www.govbooks.com.tw

出版日期	2017年12月　BOD一版
定　　價	300元

Printed in Taiwan

國家圖書館出版品預行編目

從晚清到民初：三十年聞見錄 / 朱德裳原著；
蔡登山主編. -- 一版. -- 臺北市：新銳文創,
2017.12
面； 公分. -- (血歷史；93)
BOD版
ISBN 978-986-95452-6-6(平裝)

1. 中國史 2. 史料

628 106020913

讀者回函卡

感謝您購買本書，為提升服務品質，請填妥以下資料，將讀者回函卡直接寄回或傳真本公司，收到您的寶貴意見後，我們會收藏記錄及檢討，謝謝！

如您需要了解本公司最新出版書目、購書優惠或企劃活動，歡迎您上網查詢或下載相關資料：http:// www.showwe.com.tw

您購買的書名：______________________________

出生日期：________年________月________日

學歷：□高中 (含) 以下　□大專　□研究所 (含) 以上

職業：□製造業　□金融業　□資訊業　□軍警　□傳播業　□自由業

□服務業　□公務員　□教職　□學生　□家管　□其它_____

購書地點：□網路書店　□實體書店　□書展　□郵購　□贈閱　□其他

您從何得知本書的消息？

□網路書店　□實體書店　□網路搜尋　□電子報　□書訊　□雜誌

□傳播媒體　□親友推薦　□網站推薦　□部落格　□其他__________

您對本書的評價：(請填代號　1.非常滿意　2.滿意　3.尚可　4.再改進)

封面設計____　版面編排____　內容____　文／譯筆____　價格____

讀完書後您覺得：

□很有收穫　□有收穫　□收穫不多　□沒收穫

對我們的建議：______________________________

____

____

____

請貼
郵票

11466
台北市內湖區瑞光路 76 巷 65 號 1 樓
秀威資訊科技股份有限公司 收
BOD 數位出版事業部

(請沿線對折寄回，謝謝！)

姓　　名：________________　年齡：________　性別：□女　□男

郵遞區號：□□□□□

地　　址：____

聯絡電話：(日)________________　(夜)________________

E-mail：____